教学整合
与大单元设计

主 编◎卢增辉

天津出版传媒集团

天津教育出版社
TIANJIN EDUCATION PRESS

图书在版编目（CIP）数据

教学整合与大单元设计/卢增辉主编. —— 天津：
天津教育出版社，2024.1
ISBN 978-7-5309-9058-2

Ⅰ.①教… Ⅱ.①卢… Ⅲ.①课堂教学—教学设计
Ⅳ.①G424.21

中国国家版本馆 CIP 数据核字（2023）第 255078 号

教学整合与大单元设计
JIAOXUEZHENGHE YU DADANYUAN SHEJI

出 版 人	黄　沛
主　　编	卢增辉
选题策划	吕　燚
责任编辑	尹福友
装帧设计	郝亚娟

出版发行　天津出版传媒集团
　　　　　天津教育出版社
　　　　　天津市和平区西康路 35 号　邮政编码　300051
　　　　　http://www.tjeph.com.cn

经　　销	新华书店
印　　刷	天津融正印刷有限公司
版　　次	2024 年 1 月第 1 版
印　　次	2024 年 1 月第 1 次印刷
规　　格	16 开（710 毫米×960 毫米）
字　　数	200 千字
印　　张	12
定　　价	46.00 元

前　言

2016 年，林崇德教授领衔的课题组发表了《中国学生发展核心素养》；2017年，教育部印发《普通高中课程方案和课程标准（2017 年版）》；2022 年，教育部印发《义务教育课程方案和课程标准（2022 年版）》。至此，基础教育各学科的课程目标全部升级迭代为围绕核心素养而确立，我国的教育目标体系也由过去的"双基目标""三维目标"向"核心素养"转型。

伴随着核心素养的提出和《义务教育课程方案和课程标准（2022 年版）》的推出，课堂的教学目标更多地从知识点的了解、理解、记忆，转变为对课程核心素养的关键能力、必备品格与价值观念的培育，与此同时，项目化学习、跨学科教学、做中学、创中学等一系列教学名词和教学方式开拓了一线教师的视野。面对这些新变化，相当多的教师对于如何贯彻和落实这些新理念和新教法感到困惑，而"教学整合"和"大单元设计"是以上教学方法和教学理念得以落地的重要前提。

基于此，我们特邀请相关专家和一线教师编写本书，采用理论与案例相结合的方式，从核心素养和教学整合入手，以 5 个专题、15 个主题的篇幅，全面介绍了如何基于教学整合进行大单元设计。

专题一：核心素养与教学整合。本专题从核心素养和教学整合的常识性了解入手，全面介绍了核心素养的价值、内涵及内容，教学整合的内涵、特点和类型，教学整合的前提，以及教学整合与核心素养的关系。

专题二：教学整合下的大单元设计。本专题从高阶思维入手，在介绍高阶思维的内涵、特点、要素及形成的基础上，全面介绍了教学整合与高阶思维的培养关系，并在此基础上介绍了指向高阶思维的大单元设计，以及教学整合如何助力大单元设计。

专题三：基于内容重组的大单元设计。本专题紧扣内容重组，全面介绍了如何基于教学内容重组进行大单元设计的方法，一是基于教学内容进行重组；二是基于教学活动重组；三是基于教学资源（素材）重组。

专题四：基于脉络重续的大单元设计。本专题紧扣脉络重续，全面介绍了基于脉络重续进行大单元设计的方法，一是基于学生的学习能力延展学习；二是借助问题载体让知识再迁移；三是借助活动载体让知识再生产。

专题五：基于结构重建的大单元设计。本专题紧扣结构重建，全面介绍了结构重建促成大单元设计的三种类型，一是单元内重建，即在教材编写单元内，以课标为依据，紧扣核心素养的培养，参考多个版本教材并利用，按学科大主题或大专题、大概念等对同一单元的不同小节或不同篇章进行重组，从而完成大单元设计；二是跨单元重建，即将同一学科中不同分册或同一分册的单元教学内容进行整合，重构课程，完成大单元设计；三是跨学科重建，即用一个大概念或主题把多个学科知识组织在一起，在迁移应用的过程中完成大单元设计。

总之，指向高素质育人的大单元教学，以大概念、大情境为中心，分析、整合、开发学习内容，进行有明确主题的结构化教学，其组织与实施，需要教师在实践中积累经验。而指向大单元设计的教学整合，更是一门深奥的学问，需要一线教师在实际教学工作中不断摸索、不断实践、不断反思。希望本书可以为探索和实践大单元设计的一线教师提供一些启示和助力，让大单元教学助力学生核心素养的培养，助力新育人目标的实现。

在本书的编写过程中，我们参考了一些专家理论和观点、名师的教学实践，以及一些一线教师在实践大单元教学、在进行教学整合中的成功经验，在此一并表示感谢。

目 录

专题一　核心素养与教学整合

核心素养不是先天遗传，而是经过后天教育习得的。学校教育要落实发展学生核心素养的目标，就离不开课堂教学这一主阵地。为此，教师要在把握核心素养的内涵及相关内容的前提下，创新课堂教学，通过整合教学，借助于大单元设计，使核心素养的培养目标在课堂教学中落地。

专题二　教学整合下的大单元设计

核心素养的提出，让课堂教学从关注知识点的理解和记忆，转变为学科核心素养的关键品格、必备能力和价值观念。这一转变需要教师提升教学设计的站位，即从关注单一知识点、课时转变为大单元设计，以实现学科育人的目标。教学整合是大单元教学的前提和关键，做好大单元设计离不开教学整合。

专题三　基于内容重组的大单元设计

培养学生的高阶思维能力，选择什么内容去教是一个重要的问题。实际上，培养学生的高阶思维，就需要在进行大单元设计时更多地选择那些知识本身重要，学习知识的过程也对学生创造力的培养、思维品质的提升有很大帮助的学习内容。这就需要进行基于内容重组的大单元设计。

专题四　基于脉络重续的大单元设计

大单元设计的成功，与教师能够科学地确定主题，能够基于脉络重续进行教学设计密切相关。唯其如此，教学才能基于学生的能力延展学习，借助于问题载体让知识迁移，借助于活动载体让知识再生产，指向学生的高阶思维的培养。因此，围绕具体的脉络重续教学内容，不限于教材的课时界限，而要根据学生的学习能力开展延展学习，使知识与能力的学习在意义建构中得以再迁移和再生长。

专题五　基于结构重建的大单元设计

大单元设计，还可以基于结构重建进行。在这种结构的单元整体设计中，单元是指学习单元，即以学生为核心，以其知识背景为基础，以学科核心素养及其进阶发展为目标，在细化课程标准的基础上，系统分析课程内容所承载的学生素养发展价值和社会应用价值，并根据学生的实际情况，将教学内容整合为具有一定主题的、结构化的学习单元。

专题一
核心素养与教学整合

　　核心素养不是先天遗传，而是经过后天教育习得的。学校教育要落实发展学生核心素养的目标，就离不开课堂教学这一主阵地。为此，教师要在把握核心素养的内涵及相关内容的前提下，创新课堂教学，通过整合教学，借助于大单元设计，使核心素养的培养目标在课堂教学中落地。

主题 1

核心素养的内涵及内容

核心素养对于学生的发展起着根源性和支撑性的作用，是学生发展之根基，是学生发展的支柱，引导学生走向未来，支撑其未来发展。

一、认识核心素养

无论是教学整合，还是大单元设计，都要围绕着共同的纲要——核心素养展开。因此，认识核心素养是重要环节。

1.什么是核心素养

核心素养，即学生发展核心素养，主要是指学生应具备的，能够适应终身发展和社会发展所需要的必备品格和关键能力，是关于学生知识、技能、情感、态度、价值观等多方面需求的综合体。

首先，核心素养以过程为导向，关注学生在学习和成长过程中的体悟，体现了稳定性、开放性和发展性的特点；其次，它的培养过程是终身可持续发展、与时俱进、动态化的过程，以学生终身发展为目标；最后，它旨在提升个体的适应能力，是个体适应未来社会的发展，达到终身学习、全面发展的基本保证。因此，核心素养不仅可以促进个体发展，同时也有助于形成良好的社会。

2.核心素养的提出

核心素养的提出，最早是在 2014 年教育部印发的《关于全面深化课程改革　落实立德树人根本任务的意见》中。同年 9 月 13 日，由北京师范大学联合国内高校近百位专家成立的课题组，公布了用时三年的研究成果——《中国学生发展核心素养》。

3.核心素养的价值

诚如华东师范大学课程与教学研究所崔允漷教授所说，如果"双基"（基础知识与基本技能）是课程目标的1.0版，三维目标（知识与技能、过程与方法、情感态度与价值观）是课程目标的2.0版，那么核心素养就是课程目标的3.0版。这一变化体现了从教书走向育人的教育变迁，体现了新的教育理念和人才培养目标的新变化。

第一，核心素养的提出进一步落实了立德树人的根本目标，改变了教育领域内依然大量存在的"唯分数论"的现象；第二，核心素养的提出起到了引领和促进教师的专业发展，改变了当前存在的"知识本位"现象的作用；第三，核心素养的提出帮助学生明确了未来的发展方向，激励学生朝这一目标不断努力。

总之，核心素养的提出，是落实立德树人根本任务的一项重要举措，也是适应世界教育改革发展趋势、提升我国教育国际竞争力的迫切需要。

二、核心素养的内涵

核心素养是关于学生知识、技能、情感、态度、价值观等多方面要求的综合表现，是所有学生获得成功生活、适应个人终生发展和社会发展都需要的、不可或缺的共同素养。它是一个复杂的结构，其所涉及的内涵是多元维度，包括核心知识、核心能力和核心品质三个层次。

1. 核心知识

核心知识是核心素养的根基，它是学生形成核心能力，发展核心品质的基础。换言之，学生只有掌握了核心知识，才能将其转化为核心能力，再内化为核心素养。

教学过程中的核心知识是什么？就是那些适用范围广、具有自我生长和迁移能力的知识，就是每个教学活动单元中必须使学生掌握、理解、探明的主要知识技能，是一个学期教学、一个单元教学、一节课教学的主体内容与知识主干，是整个教学活动链条中的关键环节，是联系全部教学活动的主心骨，是教学活动之魂的栖息地。

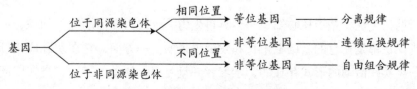

图1-1 "基因"核心知识思维导图

在图 1-1 中，基因和孟德尔遗传规律是这一节的核心知识，是学生形成关于遗传的知识网络的基础，也是学生理解遗传的重要前提。

苏教版小学数学五年级下册的"解决问题的策略——转化"，通过"复杂转化为简单""未知转化为已知""陌生转化为熟悉"的感悟，学生就能把握转化之精髓。

在这个案例中，核心知识是转化，既是对前面所学知识蕴含的思想的概括，又是对学生后续学习产生作用的知识的提炼，"复杂转化为简单""未知转化为已知""陌生转化为熟悉"的感悟就是在这一知识的基础上形成的。由此可见，核心知识是学生学习的组织者，具有统领性、内核性和衍生性的特点。

（1）统领性

所谓统领性，是指核心知识作为一个教学活动单元的统领者与连接者，是整个教学活动的母体，其他课堂知识技能都是从这一基点衍生出来的，都是在学习这一知识的过程中发展和习得的。如果将课堂教学比作一个支架，那么核心知识就是支架的支点，唯有找到并抓住这一支点，零碎的课堂知识才能被串联起来，形成一个整体。可以说，它是教学活动的"心脏"，赋予教学活动以整体性。

（2）内核性

所谓内核性，是指核心知识是知识中的"干细胞"，有了它的存在，学生才能在学习过程中完成知识的迁移、生发和生长。倘若课堂知识是一个"内核＋围绕带"的结构，那么核心知识则居于中心，次要知识、相关知识等其他知识则依次排列在其外围，构成"众星捧月"式的结构。换句话说，所有其他知识为核心知识的生存和成长提供背景与生长土壤，为学习者接近核心知识、理解和消化核心知识提供垫脚石与敲门砖。

（3）衍生性

所谓衍生性，是指核心知识是最具再生力、生发力和活动性的知识，一切其他课堂知识都是在它的基础上生长和发展出来的。一方面，它在实际应用领域是以某一类实践活动的形式存在的，学习者一旦习得，就具备了这一类实践问题的解决能力，并能在各种实践领域中应用；另一方面，核心知识是在课堂知识体系内部的某一具体领域衍生出的一系列新知识，可以让整个课堂知识体系扩容和增生。

总之，于浩瀚的知识之海而言，科学的、结构化的核心知识是学生提升问题解决能力的"动力源"，是学生解决问题的利器，是学生自主生长的根本。

2. 核心能力

核心能力，也称关键能力，是指学习中完成知识的输入、加工和输出的三种能力，分别对应着阅读能力、思考能力和表达能力，它们是顺利地完成学习活动和社会活动的主观条件，直接影响着学生的学习活动效果。核心能力具有基础性、生长性、共同性和关键性特征，概括起来包括阅读能力、思考能力和表达能力。

（1）阅读能力

所谓阅读能力，即自己读书的能力，就是自己可以读懂教科书内容的能力。需要注意的是，读懂是指领会内容，且能将内容纳入自己的知识体系中，丰富、拓展其知识框架，甚至重新建构自我的认知体系。一个人真正学会了阅读，就等同于学会了学习。因此，这种通过阅读来学习的学习方式是人类主要的学习形式，也是教育的基本特征。作为发展智力的基础，阅读能力是学生在一节课的学习过程中最后留下来，可以带走、可迁移的东西。关于阅读能力对个体的影响，可以从爱读书和不爱读书的学生对比中发现，一个人纵然头脑聪明，理解能力强，倘若不爱读书，其智力就会下降，就会降低对知识学习的兴趣，进而导致头脑丧失灵活性。因此，阅读能力对个体的发展至关重要。

（2）思考能力

思考能力是一个人最核心的、最根本的学习能力，它直接决定学生学习的水平和质量。心理学相关研究表明，在相同的时间内学习相同的内容，能够深入思考的人比不善于思考的人更能深入理解内容，更能进行知识的建构。这是因为能深入思考的人已经理解了知识，并在思考中找到了新旧知识之间的联系，将新知识纳入原有的认知结构中，进而形成了新的认知结构。由此可见，思考能力的高低决定着学习效果和学习质量的好坏。它必须具备三个条件：一是有依据的思维，以事实、数据和已有的知识作为依据进行推论和思维；二是有条理的思维，也就是周到、系统且有逻辑的思维；三是有深度的思维，也就是直抵事物本质的思维。据此可知，思考能力包括发现问题、提出问题、分析问题、解决问题的能力，它帮助学生理解知识，将外在的知识内化成能力，成为学生真正掌握的知识。所以，建立在思考基础上的学习方为真正有意义、有价值的学习，培养思考能力就成了核心素养中的重要内容。

（3）表达能力

所谓表达能力，即表现能力或显示能力，是个体将内化的知识通过合适的方式传递给他人的过程，也可以说是内化的知识外显的过程。这是一种智能化的言语能力，决定着一个人的影响力。

阅读是领会，思想是围绕问题进行分析判断的，表达则是在分析、判断的基础上形成观点、想法，是思想、感情的产物。由此可见，表达能力是在语言能力的基础上发展起来的一种语用能力，与智能的高低密切相关，是一种智能的言语外化。个体要表达，就意味着要有自己的想法、观点或思想感情，且要用准确清晰的语言将其表达出来，与他人进行互动和反馈。在表达的时候，个体经历了倾听、反馈、互动、对话的过程，并将自己对问题的认识说出来。不同的个体在表达时，就是从不同的角度、不同的侧面发表自己的看法，阐述自己的见解，形成观点。正是在阐述过程中，知识被激活、被内化，并逐渐形成自我思考，转化、升华为能力。所以，表达能力是学习能力的最高体现和综合反映。换言之，要提升学习能力，就要学会表达，通过对话、讨论、写作等诸多方式，以说或写的方式，将自己的观点或看法表达出来，在表达中自我思考，形成观点，构建知识网，提升自我学习能力。

3.核心品质

核心素养中，除了阅读能力、思考能力和表达能力这些基础发展能力以外，还包括自律、尊重、认真这些核心品质。关键能力和核心品质之间彼此独立，互为支撑，相互促进，形成了一个大写的人，引领个体从不完美走向追求完美，走向美好人生。同时，此两方面也为我们理解核心素养这一概念搭建了框架。

（1）自律

自律，即自我控制能力，是一种高度的理性和智慧，体现的是个体处理人与自我关系的能力。自律最突出的表现就是良知。如果个体在自我成长过程中，可以在学习、工作、生活中，理性地支配自己的行为，自觉约束自己，不放纵自己，并在此过程中不断学习，实现自我认知提升，做到工作上不断获得进步，生活中把握自我界限和分寸，那么他就是自律的。核心素养强调的自律，是针对他人与自我的关系而言的，是在张扬自由的同时，能够保持理智，让自己的行为能够合乎规则，尊重环境与对手，最大限度地使自己得到提高，也尊重别人甚至与整个环境都保持和谐关系。于个体成长而言，倘若个体具备了自律的品质，那么他就可以科学地处理好与他人、与自我的关系，就会避免遭受一些不必要的挫折或伤害。因此，自律是核心素养强调要培养的核心品质之一。

（2）尊重

所谓尊重，即尊敬他人、重视他人，能做到推己及人，"己所不欲，勿施于人"。这一品质体现了一个人的素质和修养。就本质而言，尊重是一种接受和认可，体现在个体与他人的关系中、与他人的互动过程中，能以宽和的心态去接受，承认差异的存在。核心素养所强调的尊重品格，是基于个体与他人的关系而言的，因此在实际生活中，一个具有尊重品质的人，能做到为他人着想，具有集体观念，不损害他人利益；能言谈举止彬彬有礼，待人处事有分寸，不随意侵犯他人的空间或利益；以诚待人，不欺凌弱小，不畏惧强权；不自高自大，不随意炫耀，不出卖人格，不丧失人性，做人做事有傲骨，懂得坚持与努力；能体谅他人，包容他人的缺点和不足，珍惜他人的付出，心怀感恩……

（3）认真

如果说自律和尊重是做人的态度，那么认真就体现了做事的态度。所谓认真，即做任何事情都严肃对待、一丝不苟，不马虎，不懈怠。它是一种忠诚、严谨的人生品格，也是一种高度负责的精神品质和科学务实的人生观和价值观。核心素养所强调的认真的品格，是针对人与事的关系而言的。个体如果对每件事都持认真的态度，最终将养成良好的行为习惯，进而改变自身的思维方式。因此从这个角度而言，认真就是做事的态度，也是做人的态度。从学生的角度而言，认真就是指对待学习认真，这种认真学习的态度表现在平时的一言一行中，体现在完成练习和作业中，体现在回答问题中，体现在课堂互动中。

总之，核心素养强调的这三种核心品质，从培养学生美好品德的层面出发，引导学生正视自我，从善如流，不断开拓进取，在认识自我与他人的过程中，在认识世界的过程中，在与周围世界的互动对话中理解自我，进而形成稳定的世界观、人生观和价值观，最终提高思辨能力，培养人文精神。

三、核心素养的内容

核心素养的提出，使人们重新认识了人才，明确了掌握知识不等于就是人才。要培养人才，就要在课堂教学中注意围绕核心素养的具体内容，立足于学生的发展，注意知识与能力并重、素养与能力并行。为此，教师在整合教学、进行大单元设计前，就要了解核心素养的内容。

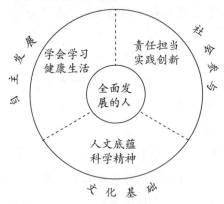

图1-2　核心素养的内容

从图1-2可知，中国学生发展核心素养在内容上包括三大领域、六个方面，体现了培养目标的层次感、发展性。

1.文化基础

文化是人存在的根和魂。文化基础，重在强调能习得人文、科学等各领域的知识和技能，掌握和运用人类优秀智慧成果，涵养内在精神，追求真善美的统一，使其发展成为有宽厚文化基础、有更高精神追求的人。它包括人文底蕴和科学精神两个方面。

人文底蕴主要是指学生在学习、理解、运用人文领域知识和技能等方面所形成的基本能力、情感态度和价值取向。具体包括人文积淀、人文情怀和审美情趣等基本要点，如表1-1所示。

表1-1　"人文底蕴"的内容与要求

具体内容	重点要求
人文积淀	具有古今中外人文领域基本知识和成果的积累；能理解和掌握人文思想中所蕴含的认识方法和实践方法等

续表

具体内容	重点要求
人文情怀	具有以人为本的意识，尊重、维护人的尊严和价值；能关切人的生存、发展和幸福等
审美情趣	具有艺术知识、技能与方法的积累；能理解和尊重文化艺术的多样性，具有发现、感知、欣赏、评价美的意识和基本能力；具有健康的审美价值取向；具有艺术表达和创意表现的兴趣和意识，能在生活中拓展和升华美等

科学精神主要是指学生在学习、理解、运用科学知识和技能等方面所形成的价值标准、思维方式和行为表现。具体包括理性思维、批判质疑、勇于探究等基本要点，如表1-2所示。

表1-2　"科学精神"的内容与要求

具体内容	重点要求
理性思维	崇尚真知，能理解和掌握基本的科学原理和方法；尊重事实和证据，有实证意识和严谨的求知态度；逻辑清晰，能运用科学的思维方式认识事物、解决问题、指导行为等
批判质疑	具有问题意识；能独立思考、独立判断；思维缜密，能多角度、辩证地分析问题，做出选择和决定等
勇于探究	具有好奇心和想象力；能不畏困难，有坚持不懈的探索精神；能大胆尝试，积极寻求有效的问题解决方法等

2. 自主发展

自主性是人作为主体的根本属性。自主发展，重在强调能有效管理自己的学习和生活，认识和发现自我价值，发掘自身潜力，有效应对复杂多变的环境，成就出彩人生，使其发展成为有明确人生方向、有生活品质的人。它包括学会学习和健康生活两个方面。

学会学习主要是指学生在学习意识形成、学习方式方法选择、学习进程评估调控等方面的综合表现。具体包括乐学善学、勤于反思、信息意识等基本要点，如表 1 –3 所示。

表 1–3　"学会学习"的内容与要求

具体内容	重点要求
乐学善学	能正确认识和理解学习的价值，具有积极的学习态度和浓厚的学习兴趣；能养成良好的学习习惯，掌握适合自身的学习方法；能自主学习，具有终身学习的意识和能力等
勤于反思	具有对自己的学习状态进行审视的意识和习惯，善于总结经验；能够根据不同情境和自身实际，选择或调整学习策略和方法等
信息意识	能自觉、有效地获取、评估、鉴别、使用信息；具有数字化生存能力，主动适应"互联网＋"等社会信息化发展趋势；具有网络伦理道德与信息安全意识等

健康生活主要是指学生在认识自我、发展身心、规划人生等方面的综合表现。具体包括珍爱生命、健全人格、自我管理等基本要点，如表 1 –4 所示。

表 1–4　"健康生活"的内容与要求

具体内容	重点要求
珍爱生命	理解生命意义和人生价值；具有安全意识与自我保护能力；掌握适合自身的运动方法和技能，养成健康文明的行为习惯和生活方式等
健全人格	具有积极的心理品质，自信自爱，坚韧乐观；有自制力，能调节和管理自己的情绪，具有抗挫折能力等
自我管理	能正确认识与评价自我；依据自身个性和潜质选择适合的发展方向；合理分配和使用时间与精力；具有达成目标的持续行动力等

3. 社会参与

社会性是人的本质属性。社会参与，重在强调能处理好自我与社会的关系，养成现代公民所必须遵守和履行的道德准则和行为规范，增强社会责任感，提升创新精神和实践能力，促进个人价值实现，推动社会发展进步，使其发展成为有理想信念、敢于担当的人。它包括责任担当和实践创新两个方面。

责任担当主要是指学生在处理与社会、国家、国际等关系方面所形成的情感态度、价值取向和行为方式。具体包括社会责任、国家认同、国际理解等基本要点，如表1-5所示。

表1-5 "责任担当"的内容与要求

具体内容	重点要求
社会责任	自尊自律，文明礼貌，诚信友善，宽和待人；孝亲敬长，有感恩之心；热心公益和志愿服务，敬业奉献，具有团队意识和互助精神；能主动作为，履职尽责，对自我和他人负责；能明辨是非，具有规则与法治意识，积极履行公民义务，理性行使公民权利；崇尚自由平等，能维护社会公平正义；热爱并尊重自然，具有绿色生活方式和可持续发展理念及行动等
国家认同	具有国家意识，了解国情历史，认同国民身份，能自觉捍卫国家主权、尊严和利益；具有文化自信，尊重中华民族的优秀文明成果，能传播弘扬中华优秀传统文化和社会主义先进文化；了解中国共产党的历史和光荣传统，具有热爱党、拥护党的意识和行动；理解、接受并自觉践行社会主义核心价值观，具有中国特色社会主义共同理想，有为实现中华民族伟大复兴中国梦而不懈奋斗的信念和行动
国际理解	具有全球意识和开放的心态，了解人类文明进程和世界发展动态；能尊重世界多元文化的多样性和差异性，积极参与跨文化交流；关注人类面临的全球性挑战，理解人类命运共同体的内涵与价值等

实践创新主要是指学生在日常活动、问题解决、适应挑战等方面所形成的实践能力、创新意识和行为表现。具体包括劳动意识、问题解决、技术运用等基本要点，如表1-6所示。

表1-6 "实践创新"的内容与要求

具体内容	重点要求
劳动意识	尊重劳动，具有积极的劳动态度和良好的劳动习惯；具有动手操作能力，掌握一定的劳动技能；在主动参加的家务劳动、生产劳动、公益活动和社会实践中，具有改进和创新劳动方式、提高劳动效率的意识；具有通过诚实合法劳动创造成功生活的意识和行动等
问题解决	善于发现和提出问题，有解决问题的兴趣和热情；能依据特定情境和具体条件，选择制订合理的解决方案；具有在复杂环境中行动的能力等
技术运用	理解技术与人类文明的有机联系，具有学习掌握技术的兴趣和意愿；具有工程思维，能将创意和方案转化为有形物品或对已有物品进行改进与优化等

总之，中国学生发展核心素养，以培养"全面发展的人"为核心，以文化基础、自主发展、社会参与三大方面为纲，以人文底蕴、科学精神、学会学习、健康生活、责任担当、实践创新六大素养为目，具体细化为人文积淀、国家认同等 18 个基本要点。

主题 2

什么是教学整合

核心素养培养目标的提出，让教师在学科教学中面临一个重要的问题：如何在课堂教学中创造性地实现培养学生核心素养的目标？如何在学科教学中培养学生的核心素养？……教学整合为解决这些问题提供了方法与途径。

一、教学整合的内涵及特点

什么是教学整合呢？顾名思义，教学整合就是将同一学科或不同学科有关联的内容融合在一起实施教学，在强调教学面向知识的同时，将知识作为一种工具、媒介和方法融入教学的各个层面中。

1. 教学整合的内涵

从大处来说，教学整合就是对教学资源进行分解、筛选、归类、重组；从小处来说，教学整合在文本研读的阶段，就是对文本的重点、难点，或者要点、妙点进行分解，做到先解构再建构，即通常所说的"先打破，再拼起来"。

就备课的角度而言，从教学内容的选择来看，教学整合就是要做到"有所为，有所不为"，知晓哪些讲、哪些练，哪些重点讲、哪些一笔带过；从教学设计来看，教学整合就是对教学环节进行轻重缓急的处理；就课堂生成的角度而言，教学整合就是教师对学生活动进行即时评价，对学生的活动信息及时进行处理，并生成新的信息。

2. 教学整合的意义

首先，教学整合是将各学科知识，尤其是宏观的文科和理科进行有机结合，使社会科学、自然科学等科学知识紧密地融合在教学中，学生在每节课的学习中都能获取大量的信息，其多元智能得到开发，多种非智力因素的优秀品质得以培养。因此，它有效促进学生成熟，保证学生身心发展的正确方向；能抑制学生的畸形发展，快速推进学生的全面发展和社会化的过程，指向学生未来发展。

其次，教学整合有利于达到"全才"的培养目标，是形成和发展学生的合理科学素质结构框架的最有效途径，利于核心素养培养目标的落地。随着社会的发展，教育教学的最高追求是培养复合型人才、创造性人才。教学整合对教学资源进行有效的整合，突出教学重点，提高教学的效益，使学生在学习中形成良好的道德结构、智能结构和非智能结构，利于"全才"的培养目标的实现。

最后，教学整合体现了现代的人格本位教育，体现了教育观念的更新、教育理论的升华、教学模式的变革。不论是在学科内整合、学科间整合，还是在领域间整合，都是在现代教育思想指导下进行的；对知识、能力、品格进行的整合是在以学生为主体、以教师为主导的教育思想的指导下进行的；对知识与技能，过程与方法，情感态度与价值观三维目标的整合是在学生的发展中进行的；对学科知识、学生经验和社会发展三方面内容的整合是在学生个体社会化的进程中完成的。因此，它利于打造"点—线—面—立体空间"的教学空间，能全面加快学生发展的速度，为社会多输送合格的优秀人才。

二、教学整合的类型

教学整合的效果直接影响着课堂教学的组织与开展，影响着学生核心素养的培养。为此，教师要掌握相应的教学整合的策略。具体来说，教学整合可以从以下三个角度展开。

1. 学科内整合

所谓学科内整合，实际指的是学科内知识的整合，是将同一学科教材内不同

教学整合与大单元设计

单元或不同年级的教材内容进行整合。这样的整合需要基于相同的概念、共同的主题、共同的目的、互补的关系、进阶性过程等基础上，创设新的具备相应的组织结构和意义的学习单元。比如大单元教学设计就是这种形式的整合，而基于大单元设计开展的项目学习、探究学习等都属于学科内整合。

【第一课段】穿越，遇见——同步少年经历

学习任务：学习从不同角度、运用不同方法梳理小说情节的技巧，感受小说构思的精妙。

学习时间：3课时。

导课：不同的国度，不同的时代，生活着不同的少年，不同的少年经历着不同的故事。作家们把这些人和事进行不同的艺术加工，我们读起来却是同样的精彩。让我们化身书中少年，经历精彩故事。

任务情境：班级举行"穿越时空故事会"，请你从《故乡》中的"迅哥儿"、《我的叔叔于勒》中的"若瑟夫"、《孤独之旅》中的"杜小康"三个人物中选择一个，以第一人称为视角，按成长经历的顺序讲述故事。

1. 讲述要求：熟悉小说情节，化身人物，突出重点，有故事性。（预设略）

2. 梳理故事情节：上面是"顺叙"讲述法，下面请根据提示，从三篇小说中任选一篇，以小说中任一人物的口吻，选择一个角度梳理课文的故事情节。（预设略）

①开端→发展→高潮→结局（情节）；②原因→结果（逻辑）；③心理变化；④悬念→结局（技巧）。

3. 交流评价：和原作相比，你的讲述和梳理在顺序、视角、人称、详略上有什么不同？试讨论原作的构思思路。（预设略）

4. 总结评价：用表格式或者思维导图式梳理探究小说构建情节的方法技巧。

作业：运用本课段学习到的方法，完成综合性学习"走进小说天地"第一板块——小说故事会。可以通过班级报栏进行文字展示，也可以在课堂上进行讲述。

【第二课段】对话，倾听——了解少年心声

学习任务：认识小说中的人物形象，分析其性格形成原因，学习小说中塑造人物形象的方法。

学习时间：3课时。

导课：少年的生活和他周围的人密切相关，少年用自己的眼睛和心打量着他们，他们在不知不觉中影响着少年。

任务情境：给小说中的人物一个吐槽的机会，《故乡》中的"迅哥儿"、《我的叔叔于勒》中的"若瑟夫"、《孤独之旅》中的"杜小康"分别会吐槽谁？请你化身这三人中的一个，结合具体内容吐槽你最想吐槽的那个人。

提示：①先用心体会文中相关内容，准确认识人物形象；②最好能结合故事背景分析人物形象形成的原因；③再想一想，这个人物对"我"的生活和成长有什么影响，"我"会怎样进行吐槽；④注意吐槽要有理有据有情义，表达要流畅得体，符合人物身份。

选择身份：我是……（备选项：①《故乡》中的"迅哥儿"；②《我的叔叔于勒》中的"若瑟夫"；③《孤独之旅》中的"杜小康"）

吐槽依据如表1-7所示。

表1-7 我要吐槽_____

人物形象	正面刻画				侧面刻画
	外貌神态	语言动作	心理	经历（所做的事）	他人评价
文中刻画					
人物形象特点					
对"我"的影响					

"我"的吐槽。（预设略）

评价：①吐槽是否依据文中内容；②吐槽语言是否表达清晰；③吐槽是否客观、有深度。

作业：运用本课段的学习方法，完成综合性学习"走进小说天地"第二板块——小说人物大家谈，并在课堂上进行展示。

【第三课段】回归，成长——众议世态人生

学习任务：多角度探究小说主旨，联系现实生活，交流自己的阅读感受，分享小说阅读对社会、自然、人生的启示。

学习时间：3课时。

导课：穿越时空，我们结识了不同的少年，经历着他们的故事，诉说着他们的心声。回到现实，阅读帮我们成长，引领我们做有思想、有见解的少年，通过几节课的学习，你有什么收获，你的认识发生了什么变化呢？

任务情境

1. 对话作者：语言文字是思想情感的传递，代表着作者的认知。三篇小说的作者借自己的作品要表达什么？请从不同角度交流讨论。（支架：可从文中和文外两大方面考虑。文中——人物形象、故事情节、环境传递出什么？文外——人与人、人与自然、人与社会的关系，传递出作者对自然、社会、人生什么样的态度？）

2. 对话自己：你就是你自己，一个真实的读者，你的阅读收获是什么？通过阅读，自己获得了对自然、社会、人生的什么启示？

3. 给你一个机会，用自己的文字改变小说中人物的命运或者故事的结局，你会选择哪篇小说？可以续写或者改写，注意故事要合理，不改变人物基本形象。

评价：①有自己的思考和表达；②能多层面、多角度分析问题。

作业：运用本课段收获的学习方法，完成综合性学习"走进小说天地"第三板块。可从四项活动中任选一项完成。①

上述案例是九年级语文上册第四单元的学科内整合教学案例。这一单元属于小说单元，包括鲁迅《故乡》、莫泊桑《我的叔叔于勒》、曹文轩《孤独之旅》

---

① 案例来源：初中语文九年级上册第四单元整体教学设计. 百度文库（https://wenku.baidu.com/）.

三篇课文，在第四学段"文学阅读与创意表达"任务群的建构中处于重要的位置。从内容上看，三篇选文都写了少年时代的经历，这些不同的人生经历，构成小说外显的情节线索；同时，正是这些人生经历与体验，让一个人发现世界，认识社会，从而推动自我的成长，这又构成小说内隐的思想线索。三篇小说均是名家名作，艺术技巧精湛，思想内容深刻，叙事手法、人物塑造、价值观引导、语言特色均可圈可点，恰当选择切入点进入学习活动，可以更深层次领略小说思想内涵。

2. 学科间整合

这种整合是针对学科过于割裂，所导致的学生很难理解不同学科之间的联系而采取的。整合时要依据学科之间在知识上的相关性，创设真实的生活情境，让多种学科的教学内容得以在共同的知识下得到整合。这种教学整合是以解决问题的形式出现的，一般采用多学科整合和跨学科整合的方式（见表1-8）。

表1-8　多学科整合和跨学科整合示例

整合方式	示例
多学科整合	语文：与水有关的诗词 物理：水的三态 生物：水在生态系统中的作用 地理：水在自然界的循环
跨学科整合	水的物理性质、化学性质及与生产生活的关系 水资源对经济和政治的影响 水资源的研究……

由表中示例可知，多学科整合是两种以上的学科知识的整合，学科间是相邻的关系，只是将不同学科的知识展示出来；跨学科整合则是学科知识进行真正意义的整合，是你中有我、我中有你的关系，是两种思想观点融合后创造出一种新的思想观点的整合。这样的整合需要借助于现实生活情境，只有发现其中更多的跨学科课程研究的视角才能促成新的课程整合生成。

3. 超学科整合

这种教学整合是从真实的生活情境出发，用一种超越多种学科的整合方式。该模式独立于教学目标之外，不以学科知识为起点，而是将其隐藏在共同的培养目标中加以整合。这种整合方式立足于学生的成长模式及其肩负的社会责任，是更高站位的整合，是综合度最高的整合，就本质而言是一种新的学科学习方式，对于促进学生的深度学习和激发学生的创新思维作用更大，当然对教师的要求也更高。

北京市某学校在开设京剧拓展性课程时，创造性地把京剧的曲调与语文的古诗词相结合，让学生在学习京剧的同时掌握古诗词的相关知识，并通过京剧曲调的变化理解古诗词的意境。

这样的整合，就是超学科整合，是在语文学科和音乐学科之外，整合出一门新的学科，而这一新的学科在提升学生的文学素养与艺术素养方面发挥了积极的作用。

三、教学整合的前提

教学整合要发挥助推学生创新素养培养的作用，整合效果起着至关重要的作用。因此，要成功地进行教学整合，需要教师提升自身的创新素养和综合能力。

1. 提升问题意识和研究能力

问题意识，即自觉地、主动地意识问题的一种能力。从教育教学的角度来说，问题意识是教师在教育教学观察和思考中，能主动意识到制约引领学生成长、启迪学生智慧的问题存在，并产生困惑、焦虑、探究的心理状态。它是教师实施有效教育教学的起点，是促进教师教育教学研究的内在动力，是教师专业自主发展的提速器，更是教师积极思索、提出并解决教育教学问题，进行创新教学的重要前提。

研究能力，就是教师对教学相关内容的研究，包括科研课题的选择能力，课题实验方案的制作能力，课题实验的创作能力，实验资料的收集、整理和分析研究能力，课堂教学的科学研究能力，科研论文、研究报告的撰写能力等。它是教师走向专业发展的重要途径与工具，更是教师实现创新教学，兼具"实践者"与"知识生产者"双重角色的保证。

教师只有不断提升问题意识和研究能力，方能基于教学内容，发现问题，创设整合点，创设问题情境，为学生的学习提供良好的情境和资源。

2. 提升课程设计能力和协同教学能力

课程设计能力，由"课程设计"和"能力"构成，包含两个层面的意思。其中，课程设计是指以一定目的，对课程要素进行组织规划，进而形成一定的课程计划、标准或教材等。这是一个大概念，对于不同的层次要求也不同。于教师而言，课程设计就是为达成育人目标，以学生的学习需求、学习特点和学习条件为出发点，对课程目标、内容、实施、评价进行分析、选择和规划的系统过程。能力则是能胜任某项工作的主观条件，是在一种活动中形成，并指向任务完成程度的能动力量。由此可知，教师的课程设计能力，就是教师在课程设计中形成、发展并直接影响课程设计活动目标达成及其成效的能动力量，包括课程理解与认同能力、开发与创新能力、设计与决策能力、监控与评价能力，它对教师课程能力的整体提升起着关键作用。

协同教学能力，由"协同教学"和"能力"构成。其中，协同教学是一种教学方法，是指教师和教师、教师和学生在设计或组织教学过程中，通过合作和互动来共同构建知识体系和解决问题。就教师和教师这一层面而言，指的是教师之间沟通交流。在这一过程中，教师是引导者，负责设计和组织学习任务，给学生提供必要的指导和支持，进而培养学生的合作能力、沟通能力、问题解决能力和创新思维能力。

综上所述，教学整合离不开教师高明的课程设计能力，唯有具备跨学科的意识，掌握多学科的知识，才能在教学整合时跳出单一学科的狭隘视野，高屋建瓴地整合教学内容，打通学科间知识融合的通道，打破学段的限制，为学生创新素养的培养打下基础。在这一过程中，教师需要借助于不同学科、不同学段教师的助力，因此其协同教学能力也必不可少，唯有二者相结合，才能实现培养学生核心素养的目标。

3. 掌握相关的教育技术和手段

好的教学整合有利于知识形成链条，有利于发展学生的思维，提升学生的信息接收效果。这就需要教师能掌握相关的教育技术和手段，练就一双慧眼，能发现优良的教育资源，并运用现代技术手段将其融入学科教学中，为多种学科知识的渗透和内在整合创设条件，培养学生的自主学习能力和综合实践能力，帮助学生构建完整的知识体系，引导其将所学的知识和能力巧妙地应用到生活中，获得智慧的提升、能力的锻造和心灵的成长。

某历史教师在实施基于教学整合的"中国古代选官制度"的大单元设计时，运用现代技术手段，设计了一个游戏，让学生在游戏中学习相关知识，增进对高考必备知识的理解，并能熟练运用。

游戏共分为三轮，分别是答题、争辩、决斗三个环节。第一轮：设置15个有关古代选官制度发展过程的选择题，选择正确即可获得对应积分。第二轮：根据第一轮积分分成4个组，分别代表秦朝、汉朝、魏晋南北朝、隋唐，各组共同讨论，攻击选中朝代选官制的不足，表述自己组所代表朝代的选官制度对国家统治的积极作用，为淘汰赛。第三轮：将最终胜出的代表科举制的学生分为两组进行决斗。决斗规则为双方选代表进入一座仿宫殿的游戏模拟场景。宫殿中的大臣中有反科举改革者和支持科举改革者。每组代表需要找到支持科举改革者，阻止反科举改革者在这里制造谣言，并安抚人心。代表需在规定时间内完成任务，并可通过声控语音交互技术与系统进行互动。[1]

---

[1] 案例来源：信息技术在高中历史主题式大单元教学中的运用. 百度文库（https://wenku. baidu. com/）.

四、深度备课是实现教学整合的先决条件

基于培养学生核心素养的教学整合，离不开教师的整合能力，而这种整合能力是在教师深度备课的基础上实现的。窦桂梅老师从自己的经验出发，指出要让教学达到培养学生的核心素养的目的，实现教学整合，就要进行深度备课。

1. 深度解读课标和教材

要实现深度备课，教师首先要深度解读课标和教材，在明确课标相关要求的基础上，借助多种途径解读教材、运用教材、拓展教材，最大限度地开发一切可以利用的课程资源，拓展教学内容，从而使自身对教材的解读达到一定的深度与高度。这一过程离不开教师群体的智慧，需要教师借助于协同教学能力，同事之间形成合力，设计出适度且合理的教学目标，科学地整合教学内容。除此之外，教师还要注意在深入准备教学内容的同时，准备一些拓展内容，比如理科相关知识的研究过程和不同观点；文科关于相关知识的评论，甚至同类作品。借助这种多角度的备课，确定恰当的、整合后的主题，为进行科学的教学设计打下基础。

本单元以"青春激扬"为人文主题，由三课构成，选入诗歌五首《沁园春·长沙》《立在地球边上放号》《红烛》《峨日朵雪峰之侧》《致云雀》，小说两篇《百合花》《哦，香雪》。

本单元学习中外现当代诗歌与小说，与必修上册第三单元的中国古代诗歌、第七单元的中国古今散文，必修下册第二单元的中外古今戏剧、第六单元的中外古今小说，共同构成"文学阅读与写作"任务群的学习内容。①

---

① 案例来源：如何开展大单元教学设计？微信公众号：北师大教育培训中心.

上述案例是湖南省地质中学的黄尚喜老师团队基于高中语文必修上册"第一单元·青春激扬"进行大单元教学设计时所做的教材分析，从中可以看到他们对教材的深度解读为教学整合打下基础。

2. 深度了解学生

要实现深度备课，教师还要深入了解学生。了解学生，包括了解学生的思维深度、情感浓度和理解高度，并利用导学单等方式，对学生的学习进行"预测"，以明确学生的拓展深度、研究深度和思考深度。

这个单元与学生的生活联系紧密，学生即将告别生活六年的小学校园，开始新的学习生活。六年来，学生从天真烂漫的儿童成长为意气风发的少年，这既是孩子自己努力的结果，也凝聚着学校老师的心血。同时，综合运用语文知识和技能，开展一系列有意义的语文活动，依托语文学习，让学生在珍藏记忆、表达情感、祝福未来的同时，梳理或令人激动、喜悦，或令人伤心、遗憾的事，使得本单元学习时光成为人生道路上永远难忘的岁月。

上述案例是小学语文实施"难忘的小学生活"这一基于教学整合的大单元教学的学情分析，从中可以看到教师对六年级学生当下的知识现状，以及发展要求进行了深入分析。这样的分析更能使后续的教学设计落地。

3. 深度设计教学

深度解读教材和深度了解学生后，教师就可以经过反复琢磨，发挥课程设计能力，进行深度教学设计。这些设计包括教学流程的设计、课堂问题链的设计、课堂活动的设计，甚至评价方式的设计。

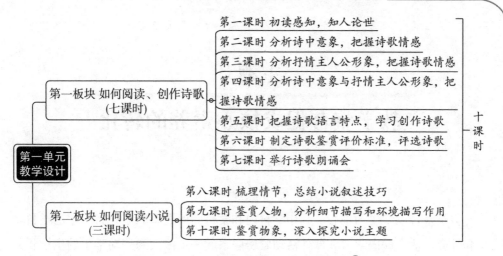

图1-3 案例：某学科第一单元教学设计①

从图1-3中的案例可以看到，整合后的教学设计从诗歌意象和小说叙述艺术两个维度，分两个板块教学，每一板块紧扣内容进行拓展，在阅读、鉴赏本单元五首诗的基础上，总结诗歌创作规律，制定诗歌鉴赏评价标准，并以此为依据，结合阅读该单元诗歌和小说所引发的对青春的感受和思考，为班级诗册《青春之歌》创作诗歌。依据诗歌鉴赏评价标准，对创作的诗歌进行鉴赏与评价，并将评选出的优秀作品结集成班级诗册《青春之歌》。举办"青春礼赞——以诗歌的名义"诗歌朗诵会，从班级诗册《青春之歌》中挑选适合朗诵的作品进行朗诵表演。这样的设计，体现了课堂从关注"学习者"到关注"如何学"，学生从"参与者"变成"贡献者"，核心素养的培养就在这样的学习过程中达成。

可以说，深度教学设计的成功与否，直接决定着教师的教学效果和学生的学习效果。因此，在设计时教师要注意将自己在深度解读教材过程中的心得体会扩展开去，让设计的教学活动、创设的教学情境，甚至设计的实践练习，更易于学生接受，更利于提升学生的认知与能力。

---

① 案例来源：如何开展大单元教学设计？微信公众号：北师大教育培训中心.

主题 3

教学整合促成核心素养的转化

教学整合以学生为中心，利用学科内和学科间的逻辑联系，将学生的学科知识和社会生活、课内学习和课外活动紧密联系起来，激活和调动学生的生活积累和经验，使学生能自主建构知识体系，在培养学科核心素养的过程中促成核心素养的转化。

一、核心素养的培养需要深度教学

核心素养的培养，需要教师在课堂教学中实施深度教学，唯其如此才能克服教学的表面化、表层化和表演化的局限，引导学生进行深层、深刻、深度学习，从而促成其思维的深刻性、学习的自主性和知识的主动建构性，培养其批判思维、创新能力和合作精神。

1. 认识深度教学

深度教学是针对浅层教学而言的、基于教与学一致性提出的新的教学概念。它引导学生克服对知识的表层学习及知识简单占有和机械练习的局限性，以知识的内在结构为基础，完整地处理知识，引导学生从符号化学习转变为有意义建构，发展其学科核心素养的教学活动。

师：好的"一"是怎么写出来的呢？写"一"就像开飞机一样，请看（边示范，边讲解），降落—滑行—刹车，降落的时候要按一下，滑行的时候要稳一点，刹车的时候要顿一下，最后提起来。你看，多美的"一"呀！来，伸出你的右手，跟老师一起写。降落—滑行—刹车，按一下—稳一点—顿一下—提起来，开始的时候要慢一点，中间要稳一点，最后仍旧要慢一点。请按照这样的要求，我们再写写吧。

（学生一遍一遍地书写，体会写"一"时的轻重、快慢、提顿等变化）

师：老师想检验一下大家是不是把"一"的轻重、快慢、提顿写出来了。谁愿意接受这个挑战？

（学生有点犹豫，举手的并不多）

师：我的后背留给检验的那位同学，可以写在我的背上。我已蹲下了身子，谁愿意来？

（好多学生在教师的背上练写）

师：写得不错！我感觉到了，轻重、快慢、提顿都体现出来了。现在请大家先在自己的手心上写一写，然后再与同桌互相练练，写在手心、背上都行。

上述案例是一位教师执教"'一'的写法"一课设计的一个教学环节。这个教学环节非常有创意，这种创意表现在教师让学生在背上和手心上练习写字。正是这一富有创意的教学环节促成学生深度学习的发生。这样的教学其实就是深度教学。

2. 深度教学的特点

深度教学不同于传统教学之处在于一个"深"字。这里的"深"，一方面表现在教学方法上，实现了主体性学习，即借助让学生"把字写在背上或手心上"，让学生自己去感知，从而使未知与已知联系起来；另一方面表现在教师的"我已蹲下了身子"这一行为中，即运用协同性和对话性学习，让师生互动与交流，拓展教学的深度和高度。因此，这一教学方式具有自身的独特性，这种独特性呈现出一种理解性的教学、一种反思性的教学和一种体验性的教学。

就理解性而言，在这样的教学过程中，知识不是灌输给学生的，而是借助情境的创设，让学生在贴近其生活的背景下，在对知识、他人和自我关系的理解的基础上建构知识的意义、丰富他人世界和自我世界，实现自我理解和精神成长。具体来说，这种理解性的教学特点，体现在以下几个方面：一是引导学生理解知识的本质，即让知识的符号变得鲜活起来，从而使学生理解事物及其本质；二是引导学生理解知识的逻辑，即学生不但要知道结论，还要清楚结论是如何产生、形成的，其依据是什么；三是引导学生理解关系及规律，即引导学生理解自身与历史、社会、生活、文化的关系，理解知识产生、形成、变化和发展的规律；四是引导学生理解自身与他人的关系，即理解自身与教师、与同伴的关系，理解自我、人生和社会生活，从而促进学生精神的成长；五是引导学生理解生活和知识的意义，激活学生内心对学习的渴望和成长的信心。

就反思性而言，这样的教学，注重引导学生在符号性知识的学习过程中时时反观自身，从而充分认识自我、发展自我、超越自我，真正感受并获得学习的自我感、意义感与效能感，真正在知识学习的过程中获得知识之于个体成长的重要意义，并在其中体验积极的情绪情感和思维活动，促进认知的提升。

就体验性而言，这样的教学注重学生的过程体验，即在科学的情境中引导学生体验学习过程中的各种关系，体验学习过程中的丰富情感，体验学习过程中积极的思维活动，最终拓展学生思维活动的广度与深度。

3. 深度教学促进素养的提升

深度教学强调为理解而教，为思想而教，为意义而教，为开展而教，使教学过程切实由以知识为中心转向以学生开展为中心。

一、动手建模，搭建乙烯球棍模型和空间充填模型

[情境导入] 播放课前教师录制好的自编自导的香蕉催熟视频，引出乙烯。

[教师] 科学家通过燃烧法测出乙烯的分子式为 C_2H_4，利用桌面上的模型搭建乙烯球棍模型和空间充填模型，看看它的结构有什么特点？

[学生] 动手搭建乙烯的球棍模型和空间充填模型。

[学生观点] 从结构模型上可以看出，乙烯为平面结构，2个碳原子和4个氢原子在同一平面上，键角约为120°，碳原子上的氢未达饱和，含有碳碳双键。

二、预测乙烯的化学性质

[教师] 学习乙烯的性质前，我们先回顾前面学习过的烷烃，回答以下问题（PPT展示）：

①乙烷能使酸性高锰酸钾溶液、溴的四氯化碳溶液褪色吗？为什么？

②乙烷与溴单质能发生反应吗？若能，条件是什么？乙烷怎么断键？

[学生] 乙烷的化学性质比较稳定，不能使上述溶液褪色，但乙烷可以与溴反应，条件是溴蒸气、光照，发生取代反应，乙烷断开 C – H 键。

[教师] 完善表格（学案的探究内容，课堂 PPT 展示），对比乙烷，根据表中信息，你能预测乙烯有什么化学性质吗？

[学生] 完善表格。

	乙烷	乙烯
结构简式	$CH_3—CH_3$	$CH_2 = CH_2$
碳氢数之比	1:3	1:2
C%比较	乙烷　小于　乙烯	
碳碳键的类别	C—C	C = C
碳碳键能（kJ/mol）	346	一个是 263.6，一个是 347.3

[学生1] 碳氢比例不同，含碳量高→乙烯可燃，但燃烧现象可能不同。

[学生2] 碳碳键不同→乙烯化学性质可能比较活泼。

[教师] 根据预测的性质，结合烷烃的性质，如何设计实验进行验证？

[学生]（思考，面露难色）

[教师] 乙烯可燃，我们可以设计一个什么实验？

[学生] 点燃 C_2H_4，观察燃烧现象。

[教师] 乙烯化学性质相比乙烷可能比较活泼，而乙烷不能使酸性高锰酸钾溶液、溴的四氯化碳溶液褪色。

[学生]（顿悟）将 C_2H_4 通入酸性高锰酸钾溶液和溴的四氯化碳溶液中，进行对比。

……①

---

① 案例来源：尹国兰. 以问题为导向突出实验探究的深度教学：乙烯! 《化学教育》官网（http://www.hxjy.chemsoc.org.cn）.

上述案例是某教师指导的 2019 年人教版必修第二册第七章"有机化合物"第二节"乙烯与有机高分子材料"第一课时的内容的节选。从节选的教学过程中可以看到，整个教学以问题为导向，激发学生的深度思维，提高学生的学科能力，激发和培养学生的批判性思维，发展学生的核心素养。

结合案例可以看到，在深度教学过程中，学生的素养与能力得以提升，核心素养得以培育。

(1) 深度教学指向深层知识结构

现代知识论指出，从结构上看，任何学科知识的架构都遵循从表层到深层的顺序，其中，表层知识体现的是知识的表层意义，深层知识体现的是知识的深层意义。就内容而言，表层知识结构描述的是知识本身，解释的是知识本身的意义，而深层知识结构体现的是蕴含在知识中的思维方式和价值倾向，也就是知识背后蕴含的智慧意义、文化意义和价值观念，反映了人的精神世界和价值世界。深度教学促使学生的学习深入深层结构，于是，学生在学习的过程中，不但形成了重要能力，而且培养了关键品格。而此二者正是核心素养的培养目标。

(2) 深度教学体现学科核心素养

学科核心素养是指学科的思维品质和关键能力，核心素养在学科教材、教学、评价等载体、内容、过程的具体呈现与融合贯通。学科的本质包含学科的本质属性、学科的核心任务和学科的表现方式。深度教学体现和反映学科本质，用学科特有的精神和文化培育学生的学科核心素养，用科学特有的魅力和美感激发学生的学习动力。在这样的教学中，学生的解释、分析相关学科现象、过程及问题的意识、角度和眼光得到培养，学生形成了基于学科概念、命题、理论的思维方式、认识模式和观念、思想，培养了基于学科文化和本质的人文精神、科学精神，形成了学科核心素养。因此可以说，深度教学使学科教学保留了其独特的功能，完成了其独有的任务，使学科个性得以保留，学科知识背后隐藏的学科精神的内涵和文化底蕴根植于学生内心，达到了培育核心素养的目的。

(3) 深度教学带来深度思维

促进学生思维水平的提高是深度教学的根本目标。学生思维水平的提高体现在思维能力的提高、思维品质的提升和科学思维态度的养成三个方面。深度教学在实施过程中，注重引导学生深入学习知识，获取知识背后丰富的思维价值，使知识的学习和思维同步进行。这样一来，学生的学习不再浮于表面，而是进行了扩展，其深度思维得以发展。而深度思维是思维发展的高级阶段，可以帮助学生处理与加工信息，推动学生建构与运用概念，使之将所学的知识和方法迁移到真实情境中解决问题。在这一过程中，学生的核心素养得以培养。

二、深度教学需要进行教学整合

深度教学着眼于学生的思维与能力，促使学生真正地深度思考，做出深度努力，向着更高境界攀登。这就需要教师对教学内容进行整合，借助"合并同类项"，寻找学科内与学科间的"共同因子"，从目标、内容、教学、评价等方面进行系统设计，以实现更高层次的融合，培养完整的人。

1. 教学整合为深度教学的实施提供路径

核心素养一方面超越了"双基"（知识与技能），另一方面超越了忽视或轻视知识的经验，而关注学生的关键能力、必备品格与价值观念，注重培养学生面向未来不确定情境中的真实问题解决能力。这里的关键能力代表着学生要能做成事，必备品格代表着学生要愿意并习惯于把事做正确，价值观念则代表着坚持做正确的事。很明显，这样的培养目标，浮于表面的知识或技能的浅层教学是无法实现的，唯有基于教学整合的深度教学才是恰当的选择。

九年级以"能量"为主题的跨学科课程中，要让学生理解能量的来源，体会到能量对于人类生存和发展的作用；理解运用守恒的思想能有效地控制能量或者转换能量；理解从特殊到一般再到特殊的能源开发过程和方法；理解能量对生产力和生产关系的影响。为此，教师在整合教学内容的前提下，设计了一系列的学习活动："荒岛求生""为自己制订食谱""篮球下落实验""水果电池实验""光合作用实验""酒精的分离与提纯""能量多米诺和能量发展与环境报告"等。这种经过整合后形成的跨学科课程，使学生核心素养的培养在深度教学下的活动中得以一一落实。

从上述案例中可以看到，整合后的深度教学，让学生在活动中经历"整体—部分—整体"或者"具体—抽象—具体"的学习过程。也就是说，学生要在活动中先获得经验层面的知识，继而在活动中再经过分解学习，将所学的知识结构化，形成知识整合，这样一来就超越了知识与技能的学习，理解了知识的意义和价值。在这样的学习过程中，学生完成了知识的建构，达到了培养核心素养的目的。

2. 教学整合为深度教学提供逻辑支撑

深度教学的实施，需要建立在教学整合的基础上。换言之，教学整合为深度教学的实施提供了学科逻辑，并遵循学科逻辑展开。

某教师在教学鲁迅作品《祝福》《孔乙己》《药》《阿Q正传》群文阅读时，设定了如下的教学内容。

1. 研读《祝福》，找出《祝福》中有哪些人充当了麻木冷漠的"看客"，概括他们惊人的"共性"特征；并结合写作背景和作者的创作意图，探究"看客"的心态及其危害。

2. 阅读《孔乙己》《药》《阿Q正传》等作品，概括鲁迅塑造的众多"看客"群体形象的特点及其深刻寓意；探究鲁迅塑造的"看客"形象在当下的现实意义和启示。

3. "我"回到鲁镇但又无法融入鲁镇，内心始终隐藏着一种孤独，这种孤独让"我"对鲁镇有了更为冷静的审视。结合文本阅读和生活体验，分析《祝福》《孔乙己》中的"我"、《药》中的"夏瑜"、《阿Q正传》中的"阿Q"等人思想深处"孤独"的表现及深层次原因，并说说这种"孤独"带给我们怎样的震撼和思考。

在上述案例中，教师对多篇文章和整本书繁杂多样的教学内容进行整合，采用"点面结合"、渐次深入的方式整合教学内容，使之成为一个有逻辑联系的整体，引导学生在具体的范畴内和维度上进行学习，拓宽了教学视野。教学内容不但有深度，而且有广度，达到了深度教学中培养核心素养的目的。

在教学整合的过程中，学生不但获得了学科知识的系统逻辑，而且是在知行合一的过程中获得的。也就是说，学生的"行"是"知"的源泉或起点，学生的"知"成为"行"的需要或基础。借助教学整合，学生的"知"与"行"在内容层面整合为学科内的知识，或者借助主题整合成不同学科的知识，甚至可以产生新的学科，涉及知识与经验、生活与学科关系的整合。

而深度教学强调让学生完整地经历学习，是让学生在知与行的过程中，联系自己的生活经验，进行批判反思和迁移应用，这样的学习是注重学生情感等非认知因素参与其中的学习，是观照学科内与学科间知识相整合的学习，是凸显育人目标价值引领的学习。由此可见，在深度教学的过程中，以学生核心素养的培育为联结点，整合后的教学与学生的深度学习完成逻辑上的匹配，进而成为深度教学要遵循的逻辑。因此，如果没有教学整合，深度教学就缺少相应的逻辑支撑，教学就不具备完整性和深入性。

三、教学整合促进深度学习

教学整合在为深度教学提供实施路径和逻辑支撑的同时，促进学生进行深度学习，于是，在学生深度学习的过程中，核心素养的培养目标便得以落地。

1.深度学习

深度学习，是由"深度"和"学习"两个词组成的，前者是修饰词，后者是中心词。要理解何为深度学习，就要分别理解"学习"和"深度"。

（1）"学习"

从广义上看，学习是人或动物在生存过程中通过获得经验而产生的行为或行为潜能的相对持久的方式；从狭义上看，学习是通过阅读、听讲、研究、观察、理解、探索、实验、实践等手段获得知识或技能的过程，是一种使一个人可以得到持续变化（知识和技能、方法与过程、情感与价值的改善和升华）的行为方式。[①] 由此可知，从学习行为发出者的视角来看，学习行为发生在中小学生身

---

① 百度百科：https://baike.baidu.com/item/% E5% AD% A6% E4% B9% A0/222729?fr = aladdin.

上，就是他们在教师的指导下，在规定时间内有目的、有计划、有组织、有系统地学习知识，提升技能的过程。就学习的内容来看，中小学生的学习，一是前人所积累的科学文化知识、技能和学习策略，二是问题解决能力和创造力的发展，三是道德品质和健康心理的培养。

（2）"深度"

"深度"是相对于"浅层"而言的，一是指距离上的深浅程度，二是指对事物的本质的认识程度，三是指一个人的学识、修养水平。

将以上二者联系起来，综合来看，深度学习就是对问题的本质进行深入探究，以获知问题的本质的过程。

某班学生在学习"分数的初步认识"这一节的内容时，在教师创设的"不同类型的食物"情境下，首先认识了比萨饼的二分之一，随后又结合熟悉的彩带、饼干、果汁、长方形的纸，进一步明确了二分之一的含义。这些物品，不但类型不同，形状也不同，包括了线、面、体，于是学生在贴近现实生活的事物中认识到，无论是物体还是图形，无论是"线""面"还是"体"，只要平均分成两份，每一份都可以用"二分之一"来表示。至此，学生真正理解了分数意义的本质。

在上述案例中，学生在经历、体验、思考、分享的过程中发展思维，在动手操作的空间、动脑思考的空间、动口解说的空间中提升能力，在看、做、想、会表达完成的过程中培养核心素养。这样的学习就是深度学习。

2. 深度学习的内涵

深度学习，也称深层学习，是一种基于高阶思维发展的理解性学习，具有注重批判理解、强调内容整合、促进知识建构、着意迁移运用等特征。[1] 这一学习方式具有深刻的内涵。

---

[1] 安富海. 促进深度学习的课堂教学策略研究. 《课程·教材·教法》, 2014 年第 11 期.

（1）深度学习是一种主动建构的学习

深度学习是建立在某一学科学习的基础上超越学科、跨学科的学习。这种跨学科、超越学科性，体现为学生的学习是以主题的形式展开的，以及学生在学习过程中主动参与活动，亲身经历知识发现、发生、发展的过程，最终形成丰富的内心体验。因此，深度学习不但可以促使学生积极主动地进行知识建构，而且可以促使学生主动促进思维向更深刻发展。

（2）深度学习是一种抓住本质的学习

深度学习需要学生发挥主动性，积极主动地参与有意义的实践性学习过程中，因此，学生不但可以掌握学科的本质，而且可以领悟学科学习的思想和方法。同时，在深度学习课堂上，教师会针对教学内容、学科的基本思想和方法，灵活调整教学方式。比如，借助提供给学生具有典型意义的案例和学习资料对教学内容进行结构化处理，以此引导学生发现并把握知识的内在联系；又如，让学生在适当的、具有真实情境的活动中进行实践，运用知识解决问题，引发深刻的理解，促成能力的提升。

总之，不管采用何种形式，教师的教学均指向学生正确的价值立场与价值判断的引导，指向学生的价值取向，指向学生对学习内容和学习过程的理解与反思，最终落脚于积极的社会性情感、态度与责任感的形成。

3.深度学习的特征

深度学习究竟有着怎样的独特之处？要明确它的独特之处，就需要将其与浅层学习加以对比（见表1-9）。

表1-9　深度学习与浅层学习的对比

	学习目的	学习方式	学习过程	学习结果
深度学习	自身寻求成长	在将想法与已有的知识、经验相联系的基础上运用批判思维，寻找新模式和基本原则	主动投入学习，且在学习过程中做到主动进行知识迁移，用以解决实践问题	能意识到个人在学习过程中的发展性理解，且能积极主动且充满兴趣地参与课程内容的学习，构建自己的知识系统

	学习目的	学习方式	学习过程	学习结果
浅层学习	应付外来压力	死记硬背，机械记忆，被动参与，无法实现知识迁移	学到碎片知识，很难理解新想法，无法在课程或任务中发现价值或意义，产生过度的学习压力及忧虑	

表1-9从三个维度对深度学习和浅层学习进行了比较，由此可知，深度学习不同于被动的、机械式的浅层学习，它是一种发展思维能力的学习，旨在引导学习者在学习过程中进行批判性理解，实现信息整合，进行知识建构和知识的迁移应用，最终达到提升问题解决能力的目的。其独特之处体现在以下三方面。

（1）深度学习具有深入性和理解性的特点

相较于浅层学习在内容上的零散、无关联，脱离生活实际与学生原有的经验，在学习方法上的机械，深度学习从"深"字入手，引导学生在学习过程中积极主动地理解学习内容，并使之与自己原有的知识结构进行联系，进而建立新的知识结构。在这一过程中，学生不仅理解了基本原理的内容，而且找到了其得以形成的相关证据，并进行了批判性反思和应用。这都表现了深度学习的深入性和理解性，表明深度学习是在批判性理解的基础上进行的，学生在学习中不是被动接受，而是在学习过程中主动思考，批判性地接受，其所获得的知识是在深入思考的基础上形成的。

（2）深度学习具有实践性和应用性的特点

所谓实践性，是指深度学习要求学生将所学的知识在实践中进行检验，让新旧知识之间发生联系，进而形成新的知识结构。所谓应用性，是指深度学习过程中，学生要将所学的知识用于特定的情境中，加以检验，以此促进深入理解。在这样的实践和应用的过程中，学生经历解释、举例、分析、总结、表达、解决不同情境中的问题的过程，这种建构性的活动使学生进一步理解知识，实现对知识的"举一反三"。

（3）深度学习具有主动性和综合性的特点

所谓主动性，是指学生进行深度学习，是为了满足自身发展的需求，保持个人竞争力，提升个人的能力，以应对未来的挑战，其行为是积极主动的、指向终身发展的。所谓综合性，是指学生在深度学习的过程中要将原有的知识与新知识进行整合，使之与已有的知识、概念相联系，最终形成自己的新的认知结构，以加深对新知识的理解，促成对知识的迁移和应用。

4.教学整合促进深度学习的发生

深度学习是学生在教师的引领下，围绕着具有挑战性的学习主题，在全身心地积极参与中体验成功、获得发展的学习过程。这样的学习具有深入性和理解性、实践性和应用性、主动性和综合性。因此，教师需要在对学科核心知识进行再认识的基础上，进行教学整合，以实现教学取向的变迁。

（1）借助目标整合构建深度学习课程

深度学习是培育学生核心素养的重要途径，它不但可以深化和拓宽学生知识、技能、思想和观念的素养，还可以发展和加强学生的沟通、组织、协调和管理的素养，可以说其既立足于学生的当下，又指向学生的未来。要实现这样的学习目标，教师就要以学生兴趣的培养、好奇心的呵护为成长起点，以培养学生自主学习能力为成长重点，整合课标要求和教材内容，定位教学主题，制定教学目标，设计教学问题，让教学真正"教学生最需要的东西"，让学生在具体的学习任务中真参与，在交流与探究中成长，在及时客观评价中盘点收获，建构知识和能力体系，避免课堂学习内容的碎片化。

（2）借助课型整合设计深度学习的课型

深度学习需要教师反思自己的教学，重构课堂实践，探索有效教学的策略与方法，使课堂教学真正能够帮助和鼓励学生进行深刻而卓有成效的学习，即让学生能掌握核心知识、核心思想、核心方法。深度学习的发生，需要教师根据学科特点设计深度学习的课型，即种子课、生长课和果实课。这就需要教师对教学内容进行整合，以章或单元为单位，从核心知识、核心思想、核心方法和核心思维出发，提炼出相关章节或单元的知识概要，整合教学目标，采用引导学生经历"面—点—面"的学习过程，从"建立起知识的系统性—分解知识点—总结、反思、拓展"，螺旋上升式地构建知识和能力体系，实现深度学习。

（3）借助学科整合建立知识间的联系

深度学习的课堂要有两个支点，一是学生真实而高效的"学"，二是教师艺术而高效的"导"。要做到此二者相辅相成，尤其是"导"，教师就要下很大的功夫，借助协同教学进行学科整合。比如，语文教师可以请美术教师协同把语文的某些教学内容可视化，将形象思维变成可视图形；信息技术教师可以与历史教师协同教学，将历史教学内容进行信息化处理，使历史知识可视化。借助这样的学科整合，让学科之间建立联系，加强知识的理解和运用。于是，学生在充分研究教材、课标、学情及学习环境的基础上，实现自主学习，从而促进深度学习的发生。

（4）借助技术整合拓展课堂的宽度和厚度

深度学习的发生，体现在学生学习内容的宽度和学生思维发展的深度上。因此，教师可以利用技术手段整合教学资源，通过文字、图片、视频等方式把相关材料提前展现出来，促成学生的自主学习，提升教学的针对性和有效性；同时，在教学过程中将预设的教学目标与学生在自主学习中发现的疑难问题加以整合，形成课堂学习目标展示给学生，并将学生在合作探究中发现的问题、生成的问题用技术手段展示出来，促进学生进一步交流互学，自主探究和解决问题。在学生的学习过程中，教师还要把不同活动环节的具体学习任务用技术手段展示出来，引导学生采用多种有效的学习方式构建自主学习的方法和途径。在一节课结束的环节，教师也可以用技术手段把学习资源推送给学生，便于学生自主查漏补缺、复习巩固。尤其是作业布置，更可以采用技术手段展示给学生，让学生可以个性化地选择问题作答。这样的整合，拓展了学生的学习时空、学习的宽度和厚度，达到了深度学习的目的。

总之，教学整合下的深度课堂，让学生在深度学习的过程中，经历了主动学习、主动经历活动参与、主动建构的学习过程。在深度学习过程中，学生是学习的主体，乐于主动探究，并在解决复杂的现实问题的过程中，将知识迁移到实践中，不仅形成自己的知识体系，而且使知识转化为智慧，达到培养学生核心素养的目的。

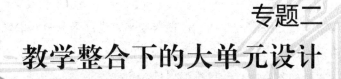

专题二
教学整合下的大单元设计

　　核心素养的提出，让课堂教学从关注知识点的理解和记忆，转变为学科核心素养的关键品格、必备能力和价值观念。这一转变需要教师提升教学设计的站位，即从关注单一知识点、课时转变为大单元设计，以实现学科育人的目标。教学整合是大单元教学的前提和关键，做好大单元设计离不开教学整合。

主题 1

教学整合指向高阶思维的培养

整合旨在让零散的东西彼此衔接起来，借助于资源共享和协同工作形成有价值、有效率的一个整体。教学整合的目的也是如此。借助于不同角度的整合，使教学真正指向学生的高阶思维的发展。

一、认识高阶思维

高阶思维，用英文表示是"high order thinking"或"high level thinking"。高阶思维是核心素养的重要组成部分，是个体适应环境、寻找认知平衡的关键能力，是指发生在较高认知水平层次上的心智活动或认知能力。

1.高阶思维的内涵

认知心理学家布鲁姆最早将思维划分为低阶和高阶。他认为，思维过程可以划分为六个层次：记忆、理解、应用、分析、评价、创造，并将前三个层次称作低阶思维，后三个层次称作高阶思维。在布鲁姆的教育目标分类中，低阶思维指的是知识的简单记忆和复述，而高阶思维则指向为达成某个目标而对知识进行组织或者重组的心理过程。就本质而言，高阶思维包括的分析、评价、创造是在领会材料内容的基础上对知识进行分解、整合或判断的过程，包含了知识的重新组织。

建构主义理论的代表人物皮亚杰认为，认知发展是个体与环境之间相互作用的结果。个体在与环境互动的过程中会不断接收新的信息，这些信息有些会对已有的知识形成补充，有些则可能与先验知识产生冲突，造成认知的不平衡。为了使认知与环境刺激之间处于平衡状态，个体或通过同化将新信息纳入已有的认知方式中进行理解，或通过顺应来调整已有的认知方式以适应新的情境。

基于皮亚杰的观点，建构主义对于高阶思维提出了不同的看法，也就形成了高阶思维的不同内涵：一种观点认为，高阶思维是批判性思维，是一种人们在需要评估信息或作出判断时经历或者进行的合乎逻辑的反思性思考；另一种观点认为，高阶思维是由学习者的个人目标驱动的，为某个特定的问题寻找可能的解决方案的认知模式；还有一种观点认为，高阶思维是创造性思维，是最高层级的认知能力，是打破原有的认知模式（既定的规则和程序），将已有的知识整合到新的情境中，从而跨越多个不同的知识领域形成新的想法，为已经存在的事物开发新的属性和可能性，或者发现和想象完全新颖的事物。

2. 高阶思维的特点

无论认知行为关于高阶思维的内涵，还是建构主义高阶思维的内涵，都体现出高阶思维基于个体发展的动态特点，也就是表现出个性化、生成性和动态性的特点。

首先，高阶思维的个性化表现为学生之间存在的个体差异，因此不同学生所具有的高阶思维也不同，有其个性特点。学生在发展自己、认识事物、分析事物时，由于生活环境、所受教育和接受的传统文化等存在差异，因此在思维过程中表现出来的侧重点不同，观察分析事物的角度也不同，于是思维呈现出高度个性化的特点。

其次，高阶思维的生成性是从思维的个性化角度提出的。由于个体之间思维的个性化，高阶思维没有固定的思维模式，没有固定的思维路径，而是在思维发展过程中依据个体已有的认知经验和获取的新信息不断发展而产生的。

最后，高阶思维的动态性，表现在作为思维的一种，它是随着个体成长过程，以及社会的不断发展而不断发展变化的，具有明显的时代特征。

3. 高阶思维的要素

哲学、心理学、教育学分别通过三种不同的路径对高阶思维进行了研究，哲学关注的是品质和特征，心理学关注的是思考的过程，教育学则关注的是外在的行为表现。从这三个不同的角度可知，高阶思维通常具备五大要素，即批判性思维、创造性思维、问题解决、决策思维和元认知。

批判性思维是一种基于事实依据的思维，是基于证据和逻辑提出自己的观点、作出自己的决策，在这一过程中个体表现出独立思考问题的倾向，需要运用观察、比较、分类、推理、抽象、概括、分析、综合等方法。在课堂教学和学习过程中，它表现为推理、分析与预测、评价及自我调节的思考方式。

创造性思维，也称发散性思维，是大脑在思维时呈现的一种扩散状态的思维模式，表现为思维视野广阔，思维呈现出多维发散状。在课堂教学过程中，学生的创造性思维就是在发散聚合依次往复循环的创造性过程中培养出来的。换句话说，发散就是学生产生想法，聚合就是学生对想法进行的分析及评价，在发散和聚合中，学生的创造性思维得以培养。比如，数学课堂和学习中的"一题多解"、语文中的"一事多写"，甚至科学课的"一物多用"等都有助于培养学生的创造性思维。

问题解决，即运用创造性思维、批判性思维创造性地解决问题的过程。在这一过程中，创造性思维和批判性思维是最基本的要素。

决策思维，就本质而言是一种创造性思维和批判性思维。个体在运用决策思维的过程中，需要按顺序思考四个问题：我需要作出决定吗？我有哪些选择？每一种选择会带来怎样的后果？我能否承受这些后果？最后在权衡比较的基础上，根据预测的后果选择一个最佳方案。

元认知就是个体关于自己的认知过程的知识和调节这些过程的能力，包括元认知知识、元认知体验和元认知监控。其中，元认知监控是一种自我监控能力。

综上，正是创造性思维和批判性思维的综合运用，才使得个体作出创造性的行为，创造性地解决问题，实现元认知的自我监控，甚至决策思维也是在这两种思维基础上产生的。所以，高阶思维的核心要素就是批判性思维和创造性思维。

二、高阶思维能力及其形成

高阶思维是个体适应环境、寻找认知平衡的关键能力，是核心素养的重要组成部分。在当今社会变化日趋激烈，群体依赖性越来越强的时代，一个人只有具备高阶思维，才能面对未来日渐变化的世界。高阶思维能力具体指向哪些能力？

它有哪些重要的作用呢?

1. 高阶思维能力的内容

高阶思维的建立要经历分析、创造、综合、关系建立和元认知参与等一系列过程。在这一过程中,个体要对知识进行分析、综合和创造,找到知识间在结构上的相似性,促成新旧知识发生联系,使原有的认知结构发生扩展和更新,最终促成新问题并获得解决。由此可知,高阶思维能力主要包括五种关键能力,即批判性思维能力、创造性思维能力、问题解决能力、决策思维能力和元认知能力。

批判性思维能力,是借助于一定的标准对思维进行评价,以达到改善思维的目的的能力。这是一种思考方式,也是一种合理的、反思性的思维能力。在这一思维活动过程中,学习者在思考时要运用推理、分析与预测、评价及自我调节的方式。它是基于事实证据的思维活动,要表现出独立思考问题的倾向。

创造性思维是一种高级心理活动,是建立在感知、记忆、思考、联想、理解等能力基础上的,体现出综合性、探索性和求新性特征的能力。这一思维能力的产生需要经历准备、酝酿、明朗和验证四个阶段,其思维成果需要经过长期的探索、刻苦的钻研,甚至多次的挫折才能取得。

问题解决能力,就本质而言是运用思维解决问题的能力。个体在这一过程中需要运用批判性思维、创造性思维,因此,创造性思维和批判性思维是问题解决能力形成的最基本要素。

决策思维能力,就是基于创造性思维和批判性思维作出选择的能力。在上述思维活动过程中,个体运用创造性思维从多种角度提供解决问题的方法,批判性地思考,帮助衡量方法的利弊,进而获得最终的决策结果,作出最佳选择。

元认知能力,即对认知的认知能力,是一个人所具备的用以调节自己的认知过程的知识与能力。简单地说,它就是对自己思考过程的认知与理解的能力,具体包括元认知知识能力、元认知体验能力和元认知监控能力。其中,元认知监控能力是元认知能力的核心。个体的这种能力,使其在认知的全过程中能意识到自己正在进行的意识活动,对其进行持续且积极的监视、控制和调节,最终促成认知目标的达成。

2. 高阶思维能力的形成

高阶思维是一种系统性的思维模式，个体要形成这一思维能力，就要经历如下环节。

（1）分析问题情境

分析就是对问题进行细致而深入的研究和分解，发现内部各个组成部分之间的关系的一种思维方式。对问题情境的分析代表了对先验知识的分解，需要具备澄清、说明、论证、批评、判断和评估六个方面的能力。其中，澄清是识别问题，说明是抓住要点进行解释，论证是提供能够支持立场、主张或陈述的相关证据，批评是查漏补缺，判断是基于观察和分析得出的结论，评估是对不同信息与问题进行比较，从而发现问题的本质和关键点。当然，在分析问题情境的过程中，还需要运用逻辑思维和推理能力。

（2）在新旧知识之间建立关系

这一环节是将分解后的先验知识根据其承担的角色与新信息进行匹配，要运用类比思维，进行关系推理。类比思维就是强调基础和目标之间明确的相似特征。包含着类比思维的关系推理通常要经历四个步骤：一是提取，即从长时记忆中检索相关的背景知识；二是识别，即识别背景知识在新问题中承担的"角色"；三是填充，即将获得的新信息填充到已识别的"角色"中，使之代替旧知识发挥特定作用；四是绑定，即让先验知识与新信息之间形成连接，进而生成适应新问题的推论。

（3）综合不同维度信息

这一环节就是将相互关联的新旧知识通过聚集、组织、归纳和整合进一步形成结构化、系统化的知识。如果说评价是一种认知模式，那么综合就是使这一认知模式得以实现的手段。在具体的认知情境中，综合就是将分析后的每个小问题所对应的信息聚集在一起，形成对问题或者情境的系统性的看法。通过将不同维度的信息加以综合，个体就可以形成对问题深刻而透彻的了解，总结主要的观点并得出结论。

需要注意的是，综合是在识别各个组成部分之间的关系后，获得对相关信息之间的关联和解释后形成局部的推论。此后，随着认知的进一步深入，个体会代入自己的背景和记忆中的知识去理解所处情境的新信息，进而构建全局的推论，理解当下的情境。

（4）产生创新性认知

这一环节是认知结构的更新和拓展的代表。当个体把接收到的信息（新信息）和存在记忆里的知识（先验知识）相互连接并且重新组合，进而得出一个一般性的结论，获得一个解决不确定问题的方法，或者形成一个原创性的产品时，就代表着创新性认知的形成。无论新的想法、观点、假设还是方案，均是基于有根据的推理和深入的思考而产生的，因此，创新性认知体现了个体对经验、行为或事件进行的新颖且有意义的解释，以及以灵活的方式将学到的知识运用到新的情境中的能力。

（5）监督、管理、调节认知过程

不同于与识记、复述等简单的信息加工任务，高阶思维下的认知任务一般不是在一个明确的、既定的程序下进行的，所以它需要个体运用元认知能力来对认知过程进行监督、管理和调节。如果缺少一个明确的答案，个体就要和直觉对抗，对有用和无用的信息进行甄别。通常情况下，个体要面对的是多视角、多推理、多证据支持下的不同的观点和多种解决方案及结果，为此就要经历多次分析、关系建立、综合、创造的过程方能得出一个相对明确的答案。这就要求个体除了要具备特定领域的知识，还要运用元认知能力来对自己的思维过程进行管理和调节。在元认知能力的作用下，个体的认知过程会更加适应环境的需要，促进认知图式的建构。

总之，高阶思维是一个包含了认知及元认知的过程。在此过程中个体进行知识的分析、综合、创造，发现知识之间的关联性，使先验知识和新信息建立对应关系，进而处理存在不确定性的情况或者解决没有特定答案的问题，最终获得创新性的认知。

三、在教学整合中培养高阶思维

由高阶思维形成的环节可知，高阶思维的培养需要在元认知和基本思维的基础上进行，需要在问题情境下分析问题，在更加深入和全面地处理问题中发现新旧知识之间的联结，进而产生创新性认知，如图 2 - 1 所示。

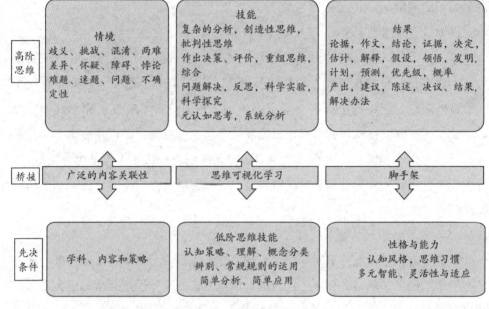

图 2-1　高阶思维联结

这一复杂的思维能力的形成，单独某一知识点或某一章节的内容是很难实现的，因此需要进行教学整合。在精心选择的教学内容中，在教师搭建的脚手架中，让学生将新旧知识联结起来；在思维可视化的学习中，让低阶思维技能成为高阶思维技能形成的基础，逐步发展起高阶思维能力。为此，教师在教学整合时不妨从以下方面入手。

1. 整合功能

不同学科在育人方面有着不同的功能，比如语文学科侧重于培养学生的人文素养和语言素养，数学学科侧重于培养学生的逻辑推理和直观想象能力，美术学科侧重于培养学生的审美意识与审美情趣，体育学科侧重于培养学生健康的心理与体魄……由于各学科在育人方面的功能侧重点不同，要培养学生的高阶思维，就需要通过跨学科的教学整合，让原本单一的学科育人功能变得多维度、多层次，从而达到全面育人的效果。

某校七年级语文教师和音乐教师，将统编版七年级下册的语文教材《黄河颂》和统编版七年级下册的音乐课《黄河大合唱》进行学科教学整合，使语文学科和音乐学科共同发挥育人功能。从语文学科的角度，《黄河颂》是一节诗歌鉴赏课，容量大，其既要有知识整合和技能落实，又要让学生理解朗读评价知识，并提高朗诵水平，时间紧；在朗诵的基础上达成内容的解析和情感的升华，获得情感、价值观和精神上的激励。音乐课《黄河大合唱》则需要学生具备一定的朗诵能力和情感体验，能够和作品共情。于是两位教师协同备课、协同教学，使语文学科和音乐学科巧妙融合，组织学生进行了音乐作品的创作和大型合唱表演，不但体现了新课改下学科整合的趋势，而且使学生在活动中真正对作品有了深刻认知，实现了"立体认知"，达成了"多元体验"。①

2. 整合知识

培根说："读史使人明智，读诗使人灵秀，数学使人周密，科学使人深刻，伦理学使人庄重，逻辑修辞之学使人善辩。凡有所学，皆成性格。"知识原本就具有强大的育人功能，但学科的划分致使各学科知识存在大量的重复，不同学段的知识存在重复，这样一来就造成了时间和精力的浪费。将相关知识进行整合，实施基于大概念、大单元、任务群的教学，将不同学科、不同学段的知识进行整合，就可以达到培养学生高阶思维的目的，实现学科教学的育人功能。

某语文教师在教学鲁迅先生的《藤野先生》一文时，针对学生在初读时常常会遇到的一些困惑，如"为什么鲁迅看到'清国留学生'不学无术便那么愤怒，甚至离开东京到小城市仙台去了？""为什么鲁迅解剖学只得了个及格，日本学生便以为那是抄袭的？""为什么藤野先生为'我'修改讲义、鼓励'我'这些小事让'我'感激不尽，多年不忘？"巧妙地进行了学科知识整合，将相关

---

① 案例来源：思维增量，学科整合：HSA 跨学科课程案例研究.

的历史知识与背景融入教学中：鲁迅先生等是在国家遭受西方列强入侵后外出求学的留学生，目的是"师夷长技以自强"，而这些留学生在日本赏樱花、学跳舞，做一些无聊的事情，对于鲁迅先生这样一个救国心切的人来说，怎能不着急、不愤怒呢？甲午战争中，泱泱大清国竟然被一个日本打败了，还被迫签订了丧权辱国的《马关条约》，"国弱民受欺"，鲁迅作为一个弱国子民，在日本学生眼中，考个及格都是作弊了；一个如此境遇下的中国学生，藤野先生非但不歧视、不漠视，而且给予真诚的关怀，鲁迅先生怎能忘怀呢？于是在学科知识的整合中，在历史背景的联系中，学生的一切疑问都迎刃而解了。

3. 整合教学策略

要培养学生的高阶思维，就要基于高阶思维培养的要求，明确不同的教学策略指向的高阶思维能力的培养（见图2-2）。

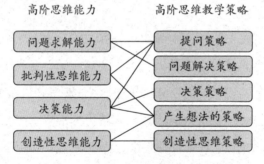

图2-2　高阶思维能力培养关联

结合高阶思维形成环节和图2-2可以看到，培养学生的高阶思维能力，离不开相应的高阶思维教学策略，比如问题情境设计策略、提问策略、创造性思维策略等，因此，教师在整合教学中不妨将课程与活动相结合，在实践中综合育人，通过学科间协同育人。当然，这就要求教师在具体的学科教学中，整合活动教学、情境教学、主题教学、问题教学等多种教学方式，来实施大概念、大单元教学，让学生在真实情境中学习，成为课堂学习的贡献者、学习的主人，在讨论式、探究式、互动式学习中培养高阶思维。

专题二 教学整合下的大单元设计

【任务一】创作演讲词

创设情境，引领学生创作演讲词：让学生写一篇以"吾爱吾师"为主题的演讲词，学生怎么想就怎么写。

【任务二】学习演讲词

把本单元的四篇演讲词都提供给学生，让他们以自己喜欢的方式，并以小组为单位进行演讲，然后选出本组的最佳选手在台前展示，再找另一名同学解说为什么要这样演讲，各组总结好的演讲词应该具备什么条件。

1. 如何理解演讲词的针对性，请同学们以这四篇文章为依托举例说明。

2. 请同学们以组为单位，说出每篇文章作者要表达的观点是什么。

3. 请同学们以《应有格物致知精神》为例，阐述演讲词清晰的思路。

4. 请同学们以本单元的 4 篇演讲词为例，揣摩演讲词的语言风格。

【任务三】更改演讲稿

针对之前写的以"吾爱吾师"为主题的演讲词，结合自己在本单元的演讲词中学到的知识，从针对性、开头、观点、思路、语言等几个方面进行二次写作。

【任务四】举办演讲比赛

从演讲稿的质量和演讲现场两方面进行评比。评分细则如下（满分100分）。

1. 演讲内容：40 分。要求紧扣主题，主题鲜明、深刻，格调积极向上，语言自然流畅，富有真情实感。

2. 语言表现：30 分。要求声音洪亮，口齿清晰，普通话标准，语速适当，表达流畅，激情昂扬，讲究演讲技巧。

3. 形象风度：20 分。要求衣着整洁，仪态端庄大方，举止自然、得体，体现朝气蓬勃的精神面貌，上下场致意，答谢。

4. 综合印象：10 分。由评委根据演讲选手的临场表现作出演讲综合素质的评价。

同学们先拿自己的演讲稿在组内演讲，然后选出每组的最佳选手，在班级内进行演讲比赛，并安排评委打分、评比、颁奖。①

---

① 案例来源：李燕. 目标导航，任务驱动：以"学会演讲"为目标的单元教学"构筑理想课堂"微报告. 搜狐教育（https://learning. sohu. com/a/682439219_ 121124294）.

以上是李燕老师的八年级语文下册第四单元以"学会演讲"为目标的单元教学。从案例可以看到,教学以"演说"任务为引导,以"学习演讲词""模拟现场演讲"活动为主体,以文体探究为内核,整合了阅读、口语交际等学习项目,达到了"活动·探究"单元阅读教学的目的。

主题2

指向高阶思维的大单元设计

高阶思维是针对传统教学中长期存在的"满堂灌"教学方式,致使学生的学习只限于简单的重复和机械的记忆,最终习得的只是表面的、浅层的、虚假的知识而提出的。传统的知识习得,使学生的思维方式呈现出固定、呆板和低阶的特点。然而随着社会的发展变化,低阶思维能力已经不利于学生适应社会的变化,高阶思维的培养成为教育关注的重点。为此,指向高阶思维的大单元设计成为教学的重点。

一、认识大单元设计

高阶思维能力主要指创新能力、自主学习、问题求解能力、决策力和批判性思维能力、信息素养及协作能力,其核心要素是批判性思维和创造性思维,集中体现了核心素养要求下对学生的培养目标,是学生适应未来社会发展的关键能力。

1.大单元设计的内涵

所谓大单元设计,就是为了实现高质量育人,基于核心素养,在把握新课标、分解新课标、驾驭教材的前提下,以大主题或大任务为中心,对学习内容进行分析、整合、重组和开发，形成具有明确的主题（或专题、话题、大问题）、目标、任务、情境、活动、评价等要素的一个结构化的具有多种课型的统筹规划和科学设计。

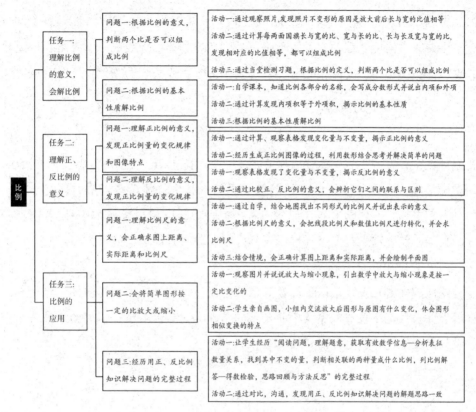

图2-3 "比例"大单元设计思维导图 ①

由案例可知，所谓"大单元"，是指以落实学科核心素养为目标，在细化课程标准的基础上，系统分析课程内容所承载的价值，根据学生实际情况，整体设计以完成任务为中心，实现学生学习的大单元。因此要理解大单元设计，就要明确其内涵。

从内涵来看，大单元设计的核心"大"，是指教学由不同性质学习活动的小

---

① 案例来源：如何进行大单元教学设计. 微信公众号：追寻数学本质.

单元组成，按学科研究过程的逻辑推进，通过"联系、组织、整合"达到知识的系统化、结构化的整体学习，让知识真正转化为素养。这是针对碎片化学习而言的，具体体现在四个方面：一是目标大，指向高阶位的素养培养；二是方式大，即采用同一目标、多课时实施的方式；三是课程大，即将目标、多个知识点、多课时、情境、活动、学生学习、教师指导和评价等组成一个课程；四是核心大，即以大观念、大问题和大任务为组织内容，作为"骨架"。

2. 大单元设计的类型

大单元设计指向学科核心素养的培养，围绕大观念、大项目、大任务与大问题设计教学，有利于教师改变着眼点过小、过细，以至"见书不见人"的做法，使教师形成"大处着眼易见人"的教学思想，利于教师正确理解时间与学习的关系，使之在教学理念上从"以学习者为中心"转向"以学习为中心"，改变教师的格局，使之像学科专家那样思考。大单元设计具体包括如下类型。

（1）自然单元（教材单元）

这样的大单元设计是以新课标为依据、以教材本身的单元为主体，进行相关分解设计，且是在教材顺序及单元要求的基础上，结合本校、本班的学情进行整合设计与实施，一般是针对新授课。

一、课前准备

学习本组课文之前，教师可让学生搜集民间故事和神话传说，一方面激发学生读文学作品的积极性，另一方面也为本单元的"口语交际"和"习作"训练奠定基础。

二、基本策略

（1）引导学生朗读或默读课文，提出自己感兴趣的问题，通过组内研讨、组际交流等方式，加深对课文内容的理解，感受古人丰富的想象力，在情感上受到熏陶。

（2）通过复述、排演课本剧、故事会等语文活动，提高学生搜集处理信息及口语表达的能力。

三、各有侧重

1.《古诗两首》

（1）引导学生根据课文后面提供的注释，在朗读的基础上借助注释，自己试着理解诗歌的意思，教师不要串讲诗句。

（2）可以通过自己的阅读收集民间故事，也可以让长辈们给自己讲一些民间故事或传说，开展故事会。

2.《西门豹》

（1）学生自读课文，理清文章思路。重点抓住人物对话，理解课文内容。

（2）小组合作，提出共性问题，共同研讨。教师可引导学生提出几个能整合课文内容、思考价值比较大的问题，共同讨论、探究。比如，你觉得西门豹是一个怎样的人？你是从什么地方看出来的？

（3）熟读课文，分角色朗读课文，让学生展开合理的想象，为课文中没有描写语言的其他人物（官绅等）加上语言，再进行表演。表演时还要注意表情，适当准备一些道具。

（4）排练课本剧，评选最佳演员。

3.《女娲补天》

（1）重点抓住"女娲真了不起"展开，让学生找出具体词句体会女娲补天的艰难。

（2）在熟读课文的基础上复述故事，记住故事的情节和重点词句，把课文内容变成自己的话。

（3）积累优美生动的语句。

4.《夸父逐日》

（1）自学感悟。学生通过自己默读、朗读、思考或与同学讨论交流来读懂课文，体会夸父追日精神的可贵。

（2）抓住重点词句感受神话的丰富想象和神奇，体会夸父追日精神的可贵。

（3）小练笔。

四、交流展示

（1）把课内和课外学习有机结合起来，围绕搜集神话传说和民间故事，开展"故事会"活动。

（2）以小组为单位评选"故事大王"，为学生授予荣誉称号。

上述教学设计是统编版语文三年级下册第三单元，围绕《古诗三首》《纸的发明》《赵州桥》《一幅名扬中外的画》四篇课文，以"中华优秀传统文化"为主题进行的大单元设计，是单元内的组合。

（2）重组单元

重组单元分为四类。

一是单学科内重组，是以新课标为依据，在参考多版本教材的基础上，按学科大主题或专题、大概念等根据学段进行的纵向大单元设计与实施。

二是同领域多学科重组，即在同领域内，用一个大主题，把多个学科的知识组合在一起，进而使知识之间形成关联和迁移，比如将物理、化学和生物学科知识重组就形成了科学，这就是关联与迁移。

三是跨学科重组，即用一个大概念或主题把多个学科的知识组合在一起。

四是超学科重组，就是用一个项目，把多个学科的知识组合在一起，以小组任务的形式，让学生在完成任务的过程中突破学科知识的局限，实现知识的迁移应用。

这是牛津英语的"英语口语交际 一年级上册"中 Module 3 Unit 7 Let's count 第三模块中的第一个单元，前3个单元分别从认识自我，认识家庭、朋友、地域活动几个方面出发，引导学生从认识自我到认识他人，再到认识社会活动，逐级递进，Unit 7 Let's count 引导学生发现生活中的数字，将英语学习与实际生活信息相联系。图2-4和表2-1是跨学科大单元设计后的课时安排。

Unit 7 Let's count

第一课时：Ten suns in the sky	第二课时：Ten rabbits on the Moon	第三课时：Ten mooncakes on the table
1. Look at the picture 2. Discuss the question 3. Listen and think 4. Learn the numbers 6.5.4 5. Learn the numbers 3.2.1 6. Chant and match 7. Sing and play 8. Pair oral work 9. Mind map 10. Culture corner	1. Warming up 2. Review 3. Listen and think 4. Role play 5. Sing a song 6. Listen and read 7. Read and think 8. Play a game 9. Group Work-Survey 10. Numbers around us 11. Numbers in different culture 12. Practice	1. Warming up 2. Review 3. Present the topic 4. Listen and read 5. Let's chant 6. Role play 7. Group role play 8. Let's chant 9. Let's count 10. Jigsaw Speaking

图 2-4 "Let's count" 跨学科大单元设计课时

表 2-1 英语与其他学科的跨学科整合

单元主题目标	1. 围绕 Let's count 主题进行学科融合，激发学生学习的兴趣，培养学生的综合素养 2. 各学科围绕英语语用能力进行交叉整合，结合课内外活动促进英语能力的综合提升
英语学科内容	1. 语言知识目标：能用英语表达数字 1、2、3、4、5、6、7、8、9、10，能够流利地用 "How many..." 询问东西的数量 2. 语言技能目标：能够自如地演绎故事。可以把 "How many..." 或 "Give me...please" 或 "What can you do?" 等句型用到其他如粽子、汤圆、饺子、包子、糖葫芦等传统食物的数量统计和食物给予的场景中 3. 情感态度目标：在中国传统故事的情境中真实地学会运用英语数字，认识数字在生活中的重要性 4. 文化意识目标：理解数字在生活中的重要性，并理解中西方文化中表达同一功能的不同号码，用英语来理解中国传统故事
语文学科内容	了解后羿射日、嫦娥奔月的故事，了解中秋节的来历
数学学科内容	认识 1~10 的数字，能进行 10 以内的加减法
音乐学科内容	根据 Ten little paper rabbits 进行改编创作

美术学科内容	在画中国传统食物的过程中自然地运用核心句型
体育学科内容	游戏：我拍你说、我说你做
信息技术内容	多媒体课件

这是一个跨学科重组教学案例，三个课时体现了语文学科与英语学科的融合、数学学科和英语学科的融合、音乐学科和英语学科的融合、美术学科与英语学科的融合、体育学科和英语学科的融合，以及信息技术学科和英语学科的融合。整个设计围绕着主题 Let's count 进行文本重构，并在重构文本中引入中国传统故事后羿射日、嫦娥奔月，根据模块和单元的语言功能要求对跨学科内容进行交叉融合，在充分发挥和挖掘各学科价值的基础上，让学生开展多维度、多方向的学习。

二、大单元设计的理论

大单元设计是在学生已有的学科经验和生活经验的基础上，对文本进行再构整合，融合同一学科的不同知识和内容或多学科的知识和内容，让学生在真实的语境中学习，达到促进学生全面发展的目的。这一教学设计是基于认知发展理论、知识结构理论和建构主义理论展开的。

1. 认知发展理论

这一理论是美国著名心理学家布鲁纳，在瑞士著名心理学家皮亚杰提出的认知发展阶段理论的基础上提出的。所谓认知理论，就是包括认识、思维与概念的智力过程发展的理论，共包括四个方面的内容：一是认知发展的过程及其促进；二是教材的结构；三是直觉思维与产生创造行为；四是学习的动机等。

关于认知发展，布鲁纳指出，学习的本质就是将相似的东西联结在一起，将其按一定的顺序排列，使之具有一定的含义，知识的学习就是在头脑中对认知结构进行重组，进而建立起包括基本概念、基本思想或原则的某种知识结构。因此一种知识是否有价值取决于它是否可以简化信息，提出新的命题，以及加强对某一知识的运用。每个人的认知能力都是在不断发展的过程中形成的，基于这种认知发展的特点，布鲁纳提出了一个教学原则，即教师要充分调动学生的求知欲，鼓励他们积极进行探究，使其智力得到发展。

正是在这样的理论基础上，教师基于学生的认知发展的不同阶段，本着促进学生的认知发展进行了大单元设计。

2. 知识结构理论

布鲁纳在认知发展理论的基础上指出，教授任何一个学科或任何一组有关联的学科的最终目的是实现"对题材结构的一般理解"。要探求汲取科学成果，将知识结构化，就要研究知识的最优结构。所谓知识的最优结构，就是从高度概括的角度理解知识的宏观框架，向学生提供关于某一学科的一套基本概念、基本思想、基本原理的结构化知识系统。为此，他提出了知识结构理论。

依据这一理论，现行的极其丰富的学科内容，可精简为一组简单的命题，成为更经济、更富有活力的知识系统，也就是知识的结构化，从而让学生可以轻松掌握学习内容，学会知识迁移，对有关联的未知的事物迅速地作出预测。任何学科的基础知识都可以用某种形式教给任何年龄的任何人，因此好的学科结构应该是内容尽量简约，尽可能使之具有迁移力，教师和课程设计者要适应学生的发展阶段，将科学命题以易懂的形式，抽出它的发展系列。人所具有的知识，同该知识以什么顺序、什么方式加以掌握这一因素紧密相关，学习知识的重点在于运用，要获得生动的知识，就要促成真正的认知过程发生。形成知识的顺序和方式，至少要有三个层次，一是行为掌握，是动手把握对象；二是图像掌握，就是以印象的方式把握对象；三是符号掌握，就是以语言形式或数量形式去把握对象的高级阶段。

由此可知，所谓知识结构，简单地说就是"连接"学习科目内部不同的知识点。大单元教学设计就是建立在学习科目内部不同的知识点的"连接"上的，因此更利于学生形成知识结构。

3. 建构主义理论

建构主义理论认为，学习者可以主动建构知识，而不是接受知识，强调以学生为中心，强调学生对知识的主动探索、主动发现和对所学知识意义的主动建构。与这一理论相对应的教学模式就是以学生的"学"为中心，教师主要起到引导和辅助的作用。

大单元教学以提高学习者的动手能力和创新能力为目标，注重对知识的整合，围绕教学主题，引导学生进行有意义的建构，帮助学生形成可迁移的专家思维，在本质上尊重学生在学习时的主体地位，就是在建构主义理论的基础上，整合知识与教材，让学生在实践活动中积累、建构核心素养，最终促进其必备品格和关键能力的形成与发展。

三、大单元设计的要素

教学实践表明，要培养学生的核心素养，就要注意到学习内容与学科素养之间的断层，就要为其搭建连接的桥梁。因此要进行大单元设计，就要抓住大观念、大问题、大情境、大任务、大评价这些设计要素，使之成为连接学科核心素养与学习内容的桥梁。

1. 大观念

大观念，亦称大概念、概念性理解，是大单元设计的内核，指向核心素养。大观念和新知识、新能力构成核心素养时代的"新三维目标"。在内涵上，它具有可迁移性、专家思维和概念性理解三个特征。

首先，就可迁移性而言，大概念在教学实践中一般表现为一个有用的概念、主题、有争议的结论或观点、反论、理论、基本假设、反复出现的问题、理解或原则等。它呈现的形式多样化，可以是一个词、一个短语、一个句子或者一个问题，这体现出它的本质和价值——迁移，而迁移和应用正是"真正理解"的证据。

其次，就专家思维而言，大概念体现了上位观念、高位的"抽象"、核心、关联等特征，是反映专家思维方式的概念、观念或论题，具有生活价值，因此与之配套的动词是"理解"，是对一类事物本质特征的抽象概括，是反映概念与概念之间的关系的看法或观点，一般是一个句子，而非一个词语。

最后，就概念性理解而言，大概念是理解的一种特殊形式，是一种深层次的理解，是一门课程中少而重要、强而有力、可普遍迁移的"概念性理解"。其通常由两部分构成：一是形成一门课程逻辑体系的核心概念；二是由核心概念之间的关系所形成的命题、原理或理论。每一门课程的正确价值观念是最大的概念，是不同单元主题和学习活动中蕴含着与主题和活动相适切的大概念。因此从这一角度来看，基于大概念的教学，其本质就是概念性理解，就在于发展每一位学生的逻辑心性与批判性思维能力，发展学生的批判性思维和创造性思维。

专题二 教学整合下的大单元设计

教师进行大单元设计时，要以主题为引领，使教学内容具有情境性；要以大观念为核心，使教学内容结构化。如此一来，学生学到的知识就是比较上位的、能迁移的，具有生活价值的概念，更容易形成可迁移的大概念。

2. 大问题

大单元设计，还要把握大问题这一要素。问题永远是推动人们进行深入探究的原动力。大问题，即驱动性问题，是大单元设计中开展任务的"一把钥匙"。它让教学指向核心素养的培养这一本质。

一次，学生在课后阅读时提出了"长颈鹿脖子为什么那么长"这一问题。教师因此受到启发，最终和其他教师齐心协力，围绕这个问题将生物的适应性整合成一个单元，将单元的"大问题"设计为："生物如何为了生存而适应环境？"围绕这个"大问题"，教师们集体备课，整合了科学、语文等学科知识，完成了大单元设计。

在这个案例中，教师的大单元设计，就是基于学生提出的问题进行的，这个问题即核心问题，就是指向单元核心概念的大问题，亦称为本质问题。具体来说，这样的问题从不同的维度可以划分为不同的类型。

（1）按照所对应的大概念的大小划分

从这一维度来看，大问题包括学科大问题、跨学科大问题和单元大问题。

学科大问题是针对学科大概念提出的，一般会贯穿在从小学到高中的所有内容之中，比如"记叙文"这一大概念就贯穿于小学到高中的许多内容中。大问题可以是：什么是记叙文？记叙文有什么特点？记叙文存在的意义？如何写记叙文？

跨学科大问题是根据跨学科单元大概念提出的，比如"分类"这个概念会出现在不同的学科中。因此可以提出的问题包括：什么是分类？怎么分类？为何要分类？只有学生理解了分类这一大概念，才能将其运用于各个学科之中。

单元大问题，是针对单元大概念提出的。比如，针对部编版五年级语文下册第五单元的大概念是"描写人物的基本方法"，此时就可以基于这个单元大概念提出大问题："如何塑造一个人物形象？""《摔跤》是如何塑造小嘎子顽皮机灵的人物形象的？""祥子究竟是一个怎样的人？作者是如何塑造祥子这一人物形象的？""严监生是一个什么样的人？你是从哪些语句中体会到的？""对比《军神》，思考《刷子李》的作者是如何塑造出一个技艺高超的刷子李形象的？"

（2）按照教学的功能划分

在教学中，大问题承担着不同的功能。因此从教学的功能这一维度来看，大问题包括导入式大问题、展开式大问题和总结式大问题。

导入式大问题，旨在吸引学生投入学习，因此会具有一定的趣味性。比如，某物理教师在"平面向量的数量积及运算"的教学中，提出这样的导入式大问题：物理学中学过功的概念，一个物体在力 F 的作用下产生位移 S，那么力 F 所做的功 $W = FS\cos\theta$。思考：W 是什么量？F 和 S 是什么量？和向量有什么关系？

展开式大问题，就是在学习过程中为了激活学生原有经验，挑战学生原有的观点，使一些极具"挑衅性"的问题更正确、更严密，其目的在于体现支架思维，引导学生深入思考。比如，部编版五年级语文下册中，针对《田忌赛马》设计的展开式大问题："田忌和齐威王赛马，谁赢了？是田忌赢了，齐威王赢了，孙膑赢了，还是齐国赢了？"

总结式大问题，就是在一个讨论阶段、一堂课、一篇课文或一个单元结束时提出的问题，旨在引导学生回顾、总结和梳理，也可以引导学生展望和追问。比如，某教师在教学完《猫》这一课后，提出这样的总结式问题："《猫》表达了作者对猫的喜爱之情，作者在另一篇文章《母鸡》中又是怎么表现自己对母鸡的喜爱之情的呢？这两篇文章有哪些共同或不同之处？"

总之，大单元设计中的大问题，是根据教学内容将知识点整合、串联起来，引导学生进行自主探究学习的线索，发挥着引导、整合、串联知识点，以及启发、引导学生的作用。因此，这样的大问题并非独立的单个问题，而是相互联系的问题链，以各种各样的形态和变式贯穿于学生学习过程的始终。

3. 大情境

在大单元设计中，大情境是整个单元的情境，或者说是整个单元的教学都发生的情境，而非导入新课的情境，而且这样的情境是真实的做事的环境。由此可知，大情境的"大"体现在是整个单元的情境，是基于生活的模拟的真实，是学生习得知识、提升能力且在其中运用知识的场域。在这样真实的情境中，学生协同思考，进行归纳和演绎，因此学到的知识并非惰性的，而是基于情境建构问题促发下的深度学习，因为这种基于真实生活的情境更丰富、更多样。

师：某出版社筹划出版一本《中国近现代名人图鉴——山高水长忆先贤》纪念册，其中有关鲁迅、闻一多、邓稼先三位人物的图文材料亟须完善。请你阅读第一单元的三篇现代文，帮助出版社编辑搜集名人纪念册材料，完成出版纪念册的准备工作。

七年级下册第一单元的三篇现代文《邓稼先》《说和做——记闻一多先生言行片段》《回忆鲁迅先生（节选）》，都是讲述名人事迹，所涉及的三位人物分别是邓稼先、闻一多、鲁迅，他们都在近现代史上赫赫有名。这三篇文章都是先贤逝世后其亲朋好友写的纪念性文章，篇章结构、语言风格都各不相同，阅读过程中可以学到不同的写人记事方法。为此，在综合分析单元内容的基础上，教师确定了"山高水长忆先贤"的主题，并以"完成《中国近现代名人图鉴——山高水长忆先贤》主题纪念册的出版准备工作"为大情境，统领大单元阅读教学，实现单元整合和重构。

在这里，"完成《中国近现代名人图鉴——山高水长忆先贤》主题纪念册的出版准备工作"是基于真实的生活情境创设的，且与主题密切相关，真实而有趣，可以让整个阅读课堂有一个凝聚点，学生身处这个大情境下，再结合大任务开展学习活动，积极主动地表达与交流、梳理与探究，可以很好地避免教学内容的碎片化和教学过程的同质化。

当然，大情境的下面还可以基于任务设计小情境，但大情境的创设是一个大学问，单元大情境的创设要具有统整性、连贯性和可操作性，同时要有趣、有意义，能激发学生的学习热情。

4.大任务

在大单元设计中，大任务是引擎，可以引导学生进入深度学习，在"做中学""创中学"的任务中做事情，提升素养。

任务一：认识质量单位克、千克

【子任务1】认识质量单位克和千克

活动1：课前调查，初步了解质量单位，认识计量物品轻重的工具——秤。首先，布置课前小调查任务，让学生通过收集资料，初步感知计量物体轻重的单位。接着教师提问：如何才能准确知道物品有多重？引出计量物品轻重的工具——秤。学生结合实物秤或图片作简要介绍。教师补充，引导学生认识各种秤，再引出质量单位，揭示课题。

活动2：认识克，建构克的质量观念。学生在组长的组织下分别称出 1 g、2 g、3 g、4 g 糖，观察各份糖的多少？观察称出的糖，有什么感受？学生继续掂一掂硬币，感受 1g 的重量，说一说对 1 克或几克的感受。师生总结：计量较轻的物品有多重，通常用克做单位。

【子任务2】建立克、千克的质量观念

活动1：认识千克。学生拿出准备好的学习材料，称一称 1 袋盐、2 袋盐的重量，观察盘秤上的指针，说一说发现了什么？学生通过观察发现指针指着 1，也就是 2 袋盐重 1 kg，发现 1 kg 和 1 000 g 都表示 2 袋盐的轻重，因此 1 kg 和 1 000 g 一样重，得到千克与克之间的关系，1 kg = 1 000 g。教师引导学生将 1 kg 的盐放在手里掂一掂，并交流感受，认识到在计量较重的物品有多重时，通常用千克做单位。

活动2：建构千克的质量观念。估一估多少个梨、鸡蛋重 1 kg，先估计，再验证学生的估算结果。学生开展小组合作用盘秤称 1 kg、2 kg 大豆的重量，再按掂—估—称的顺序计量 8 个苹果、3 个萝卜的重量，构建千克的质量观念。

这是围绕"怎样选择恰当的质量单位表示物品的轻重"这一大情境设计的一个大任务。在完成这一大任务的过程中，学生从课前调查生活中物品的质量入手，引出计量单位克、千克、吨，采用实物测量、推理的方式认识质量单位和建立质量观念，形成对质量单位的整体知识。①

由此可知，所谓大任务，就是大观念的载体，是将学习内容统整在一件事、一个问题、一项任务中。大任务要具备五个必备的要素，如果缺少这五个要素之一，那么就不是完整的大任务，或是存在问题的大任务。一是就任务形态而言，大任务必须具备完整的结构、必要的体量、真实的来源；二是大任务对学生必须具备吸引力、挑战性和适切性，为此在设计时务必将学生放在首要位置，要考虑

① 案例来源：学府悦园二小 22 ~ 23（上）中段数学备课组研修过程资料——一单元（三年级）. 重庆市沙坪坝区学府悦园第二小学校网站（https://basic.cq.smartedu.cn/）.

到这是给学生设计的任务，要考虑到学生拿到任务后的内心感觉，即学生是否感到任务有趣、好玩，进而愿意与教师一起做；三是大任务的解决要将知识、能力和学习蕴含其中，即学生在完成任务的过程中同时学到知识与能力；四是任务的解决一定要利于培养学生的思维方式和行为方式（大观念），以通过思维方式和行为方式的培养，实现核心素养的培养目标；五是任务的解决要具备社会进步意义，要利于培养学生的责任感、满足感、成就感。

需要注意的是，大任务在实际的大情境中完成，可以是一个，也可以是多个，要视具体内容而定。但无论是一个还是多个，最终都要分解为一个个子任务，子任务之间是层层递进的逻辑关系，最终共同指向大任务的完成，以及学生素养的培养。

某教师在进行《论语》整本书阅读教学时，设计了"孔子为什么最爱颜回"这一大任务，并在此"大任务"下设置了四个有序的"小任务"。

任务1：按表格梳理《论语》中关于颜回及其他弟子的相关语录，在对比中把握颜回的独特品质，形成对"孔子为什么最爱颜回"的初步认知。

任务2：按表格梳理《论语》中孔子"仁""礼""学""为政""乐道"的重点语录，形成对孔子相关思想的整体认知，在此基础上结合时代背景和颜回的表现，分析孔子最爱颜回的原因。

任务3：以"孔子最爱颜回的什么"为切入点，探究"仁""礼""学""为政""乐道"这五者间的关系，并以画图的形式呈现对孔子思想的体系认知。

任务4：查阅资料，结合当今时代的特征，探究"孔子和颜回思想"的当代价值，并写成一篇小论文。①

在这一案例中，围绕"大任务"设置的四个"小任务"间构成了层层递进的逻辑关系。其中，任务1旨在通过对比，把握颜回的精神品格，为任务2探究孔子相关思想做好准备；任务2旨在把握孔子和颜回思想精神的契合点，形成对孔子"仁""礼""学""为政""乐道"这几方面思想的认知，为任务3引领学

---

① 案例来源：整本书阅读的"大任务"与"小任务". 百度文库（https://wenku.baidu.com/）.

生构建孔子核心思想体系做好准备；任务 3 旨在通过探究"仁""礼""学""为政""乐道"五者之间的关系，构建孔子核心思想体系，帮助学生形成对孔子核心思想的系统认知，为任务 4 探究"孔颜精神"的当代价值做好准备。可以看到，这 4 个任务层层推进，具有有机的内在联系，通过前三个任务，学生基本可以系统地把握孔子和颜回的思想精神。第四个任务则在前三个任务的基础上，进入当代价值层面的探究。学生的探究由浅入深，逐层推进，最终有效完成了"大任务"的探究。

5. 大评价

大单元设计的哲理意蕴就在于一个"大"字，这个"大"体现在从"大处"着眼，因此评价也是从大处着手，成为设计的导向，指向素养育人。

表 2-2　大单元议题式教学过程评价

评价项目		评价指标	评价等级（或权数）			
			议题 1	议题 2	议题 3	议题 4
学习态度与方法（20分）		内容认可				
		学法认可				
学习行为与表现（80分）	课堂（60分）	搜集整理				
		交流合作				
		表达展示				
		学习理解				
		实践应用				
		创新迁移				
	课外（20分）	阅读访问				
		调查体验				
		项目学习				

表 2-2 中的案例就是大单元议题式教学过程评价表，是针对大单元教学情境设计的。由表格可以看到，这样评价把定性评价与定量评价、过程评价和结果评价、课堂活动与课外活动的评价、知识学习与能力提升的评价相结合，体现了大评价的特点。

专题二 教学整合下的大单元设计

何为大评价？所谓大评价，顾名思义，就是基于素养的综合评价，它的作用就是以评价为手段，引导学生从结果看到开始，明确自己要到达之地，最终明确自己要获得的知识和培养的素养。在这一过程中，"大"是一种意识、是一种格局、是一种角度，其宗旨就是关注学生在学习过程中的一举一动，从大处着眼、小处雕琢，达到素养培养的目的。

如何实施大评价呢？大评价主要有嵌入式、问题解决中的过程性评价和基于任务的结果性评价三种方式。

（1）嵌入式评价

这种评价就是把评价有机地嵌入教学和学习的过程之中，采用教、学、评一体化设计、同步设计，科学而恰当地运用信息技术等手段收集相关问题和数据，给予及时的诊断与反馈。这样一来就体现了对过程性评价的重视，是将过程性评价与终结式评价相结合进行的评价，而不仅仅是终结式评价。下述案例中针对学生的语音、语调的评价，就体现了嵌入式评价的特点。

A：Is that your friend?

B：No，it isn't.

A：What does he look like? Is he short or tall?

B：Well，he is really tall. And he has curly hair.

评价内容	Excellent（部分） ☆☆	Good（部分） ☆
是否正确运用升调		

嵌入式评价具有如下特点：一是和学习同时发生；二是评价融合在教学过程中；三是评价并非目的，而是让学生明白所要达到的标准，并按标准做事。

如何运用嵌入式评价呢？一是要确定学习目标和评价点，即要在分析课程结构和具体的学习内容的前提下，为不同的学习目标分配不同的权重系数，并建立明确、恰当的评价点。二是要设计好评价任务，即要结合学习目标和评价点，设计有效的评价任务，确保任务能够准确反映学生的学习表现。三是要及时反馈和改进，让师生共同反思学习表现，发现并解决问题，进而改进教学和学习过程。四是要定期评估和调整，以此确保评价与课程和学生的需求一致。

我们来看一个"画一个周长是16厘米的正方形或长方形"活动的嵌入式评价的案例（见图2-5）。

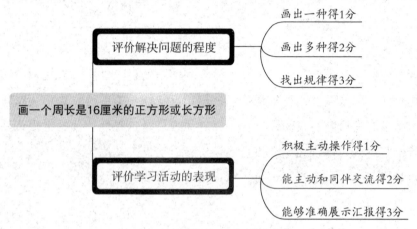

图2-5　嵌入式评价思维导图 ①

需要注意的是，嵌入式评价的核心在于将评价嵌入教学过程中，旨在帮助教师更好地掌握学生的学习情况，及时调整教学策略，提高教学效果。

（2）过程性评价

表2-3这个案例中，评价是在学生解决问题的活动中进行的。这是大评价的另一种有效方式，即在学生问题解决的过程中实施评价。

表2-3　某活动过程性评价

问题与活动	过程性评价
动手操作（剪一剪，拼一拼，画一画），自主探究，组内交流，推导出平行四边形的面积计算公式，归纳总结并分享	1. 能独立或同桌合作拼剪成长方形 +2 分 2. 能发现底和高与长和宽的对应关系 +2 分 3. 能推导出平行四边形的面积公式 +3 分

---

① 案例来源：大单元教学（18）：基于教学评一体化的教学设计. 微信公众号：leeechen64.

这样的评价也可以称为过程性评价，可以全面、深入、及时地了解学生的学习行为、学习态度、学习效果，评估学生解决问题的能力、思维发展情况，及时地判断学生的学习质量和水平，肯定其成绩，引导其找出问题，促进学生自主学习。

需要注意的是，过程性评价要给出相应的评价标准，如表 2-4 所示。

表 2-4　过程性评价标准

一级指标	二级指标	组员 1	组员 2	组员 3
学习习惯	上课认真听讲，遵守课堂纪律，不做与上课无关的事情（0.5 分）			
	上课积极回答老师提出的问题（0.5 分）			
自主学习	不会做时善于自主思考并查阅资料（0.5 分）			
	解决问题时利用多种信息技术资源（0.5 分）			
小组合作	认真完成小组分配给自己的任务（0.5 分）			
	能够与组员合作（0.5 分）			
总分				

（3）结果性评价

这样的评价是基于任务的完成情况实施的任务型评价，即让学生运用学到的知识去解决生活中的实际问题，在完成真实的实际任务过程中，考查学生学习的效果。这样的评价不是在整个任务完成之后进行，而是在任务完成过程中，在每个小任务完成时进行评价，使得"教、学、评"一体化。

【任务设计】

赵伯伯："主任，我想租一块地，带几个贫困户一起种植花草。"

村委会主任："好的，村子北面紧靠围墙正好有一块空地，第一年免租金。仓库里正好有 24 米长的篱笆，就拿去用吧，围起来的地方就是你的花圃了。"

请你帮助赵伯伯设计花圃的方案，算一算围的花圃有多大。并说明这样设计的理由。

围墙

【任务设计及使用说明】

评价类型：纸笔的表现性评价。

观察点：数学思考与问题解决能力，既观察任务的结果，也观察结果获得的思维过程。

时间安排：20分钟。

采用形式：四人小组合作的形式或个人独立形式。

表现样式：纸笔为主。

难度描述：高阶思维能力的评价，更适合中上水平的学生。

【评分规则】

5分：能运用周长一定、长宽越接近面积越大的规律思考与解决问题，围出的花圃面积为72平方米。

4分：能列举满足条件的长方形，围出的花圃面积为72平方米。

3分：能列举满足条件的长方形，但思考不完整，没有围出72平方米的花圃。

2分：知道任务与面积有关，但问题解决忽视了一些关键的要素。

1分：不能理解任务，找不到问题解决的方法。

0分：不回答。①

在这样的评价过程中，评价的第一原则就是目标导向，小任务所承载的自然是小目标，评价要设计学生能理解、可操作的量规，即所谓成功标准。

---

① 案例来源：单一任务的表现性评价案例. 豆丁网（https://www.docin.com/p–1117841822.html）。

主题3

教学整合助力大单元设计

基于核心素养培养的新版课程标准要求教学要引导学生通过学习，形成正确的价值观、必备品格和关键能力。这一育人理念体现在学科教学中，就是发挥学科教学促进学生成长为德才兼备的人才的作用。而这一作用的发挥，要实施指向高阶思维的大单元教学，就要进行教学整合。

一、设计相应的环节

教学整合既可以是学科内整合，也可以是跨学科整合。但无论哪种整合，都要设计相应的环节。

一、联系生活情境，叩问活动价值

1. 提问：今天要研究什么内容？

2. 追问：现实世界中有不规则的图形吗？

3. 谈话：不规则图形在生活中随处可见。我们需要知道这些不规则图形的面积吗？（学生交流理由）

二、探究多种方法，积累活动经验

1. 聚焦实例，呈现问题

谈话：这里有一个具体的不规则图形，看起来像什么？怎样可以得到这个不规则图形的面积？（学生交流：数方格或剪拼成长方形）

2. 沟通旧知，夯实体验

（1）估一估

不借助任何工具，用数学的眼光去观察，先来看一看、估一估。学生完成

"导学单"活动一"估一估"。

（2）比一比

教师引导后，学生动手画长方形，量出长方形的长和宽，完成"导学单"活动二"比一比"。汇报后，教师引导学生思考：这个活动对你有什么启示？

（3）数一数

学生完成"导学单"活动三"数一数"，并汇报。教师提示还可以用皮克定理来解决这个问题，引导学生思考：如果没有方格纸、点子图怎么办？

3. 整合知识，建构新法

（1）称一称

教师出示阅读材料《巧木匠称地图》，让学生讨论后再揭示称地图的方法。师生合作用电子秤称两张纸的质量。学生动手实践后交流感悟：两块板材质和厚度相同，质量大的面积就大。教师总结：称一称就是在质量和面积之间建立起联系，也是一种转化，把一个面积问题转化成为质量问题。

（2）铺一铺

教师引导学生思考曹冲称象背后的思想方法，思考如果把这个不规则图形看作大象的话，石头是什么。学生讨论后，分组实验，完成"导学单"活动四"铺一铺"，思考并汇报。教师总结："借助绿豆密铺实现对不规则图形的化整为零，也实现了图形的变形，就顺利把不规则图形转化为规则图形。我们的绿豆密铺实验和曹冲称象的数学原理是一样的。"

（3）掷一掷

教师引导思考：如果绿豆没有这么多，不能实现整个图形的密铺怎么办？学生讨论后，教师出示图片，启发思考，用抛豆模拟实验软件演示，学生根据命中率说出不规则图形的面积。教师追问："通过刚才的数学实验，你有什么新的体会和感受？"

三、比较方法异同，拓展生活运用

1. 回顾与比较：有哪些方法可以求出不规则图形的面积？有什么共同点？

2. 反思与质疑：如果不规则的图形很大很大，怎么办？

3. 实践与延伸：

（1）下载相关软件，沿小区走一圈，看看你居住的小区有多大。

（2）向家人或朋友讲一讲估算不规则图形面积的多种方法，并选择最有意思的方法一起估算。①

上述案例是基于中、高年级"树叶的面积""多边形的面积"统计与概率等内容整合而成的"不规则图形的面积"教学。

下面，我们结合此案例按顺序来逐一叙述教学整合的五大实施环节。

1. 确定大概念

在准确把握课程标准和深度理解教材的基础上，首先要抽象概括出大概念并进行合理性论证。如上述案例，"化归思想"是大概念，正是基于这种思想，不规则平面图形的面积计算问题才能转化为规则平面图形的面积计算问题。因此在接下来的大概念的合理性论证过程中，教师要注意以它为中介，对学生进行核心素养的培养和核心知识的教学。

2. 外显大概念

外显大概念，就是对大概念进行表征和描述，其实质是将核心目标（核心素养）具体化为预期可见的学习目标。在上述案例中，要让"化归思想"这个大概念外显，教师就要围绕着4个方面引导学生，即"知道什么"，这里通过"聚焦实例，呈现问题"这一环节体现出来；"理解什么"，这里通过"沟通旧知，夯实体验"环节，让学生理解将不规则平面图形转化成规则平面图形的主要理由；"能做什么"，这里通过"整合知识，建构新法"环节，让学生运用"化归思想"去解决生活中不规则平面图形的面积计算问题；"想做什么"，这里通过"比较方法异同，拓展生活运用"环节，让学生将"化归思想"内化，体验其生活价值并用于解决实际问题。

3. 活化大概念

活化大概念，就是将大概念转化设计成高质量的问题，以引导学生在问题解决中学习。其基本操作方法是根据大概念设计核心问题，根据小概念设计子问题

---

① 案例来源：仲崇恒.《不规则图形的面积》教学设计. 微信公众号：一课研究（ykyj2016）.

群。在上述案例中，教师依据"化归思想"这个大概念，将核心问题设计为"如何才能计算出长方形的面积"。围绕这个核心问题，可以将其分解为具有内在联系的子问题：（1）估计不规则图形面积的时候，以什么为标准？（2）有哪些方法可以计算出不规则图形的面积？（3）这些方法背后共同的道理究竟是什么？（4）我们运用这个道理如何计算"大象"这个不规则图形的面积？这四个子问题分别指向"不规则平面图形""位移法、割补法""将不规则的平面图形转化为规则的平面图形""转化思想可以广泛地应用于不规则平面图形的面积计算"四个小概念。

4.建构大概念

建构大概念，就是根据大概念设计核心问题及其子问题群，确保学生始终围绕核心问题及其所承载的大概念展开探究与建构，引导学生围绕子问题群及其所承载的小概念群，逐步实现核心问题的解决和大概念的建构。在上述案例中，教师分别设计了如下学习活动：聚焦实例，呈现问题；联系旧知，夯实体验；整合知识，建构新法；比较方法异同，拓展生活运用。而在具体的活动过程中，教师要引导学生逐渐建构起大概念。

5.评价大概念

教师从"知道什么""理解什么""能做什么""想做什么"四个维度，可以设计出涵盖形成性评价和终结性评价的评价工具，收集学生在完成任务过程中的作品，给学生展示成果的机会，利用工具将大概念和学习活动过程的理解程度进行外显，用观察、访谈、测评等方法了解学生对大概念的理解程度和学习过程。上述案例中教师采用的就是观察、访谈和用软件演示测试。

由此可知，大单元设计下的教学整合，需要以大概念为核心展开教学设计，并在设计中遵循"确定大概念—外显大概念—活化大概念—建构大概念—评价大概念"这样的环节。

二、设计相应的任务单

教学整合是以大概念为核心展开的，是网络化教学结构，因此要保证教学成效，教师需要在备课阶段做大量的准备工作。其中，任务单对于大概念的理解和教学的实施起着重要作用。

学习单，也可称为任务单，主要作用就是将学习目标转化为学习任务呈现给学生，让学生在自主、协同完成学习任务的过程中，领会大概念。教师可以依据教学需要，围绕课前预习、课中学习、课后复习三个环节设计高品质的任务单。任务单上的任务要遵循"少而精"的原则，且要具有挑战性。

类型1：课前预习单

课前预习单，就是教师根据教学目标，基于目标整合为学生设计的预习任务，旨在引导学生复习回顾与新知识相关的旧知识，促成新旧知识的衔接，也利于形成概念的网络结构。

浏览4篇课文，连一连，填一填，给自己计时。（一读）

1. 连一连：这4篇课文分别向我们介绍了哪个民族哪个方面的风俗习惯？

《北京的春节》　　　　　　　藏族的戏剧艺术

《藏戏》　　　　　　　　　　维吾尔族的特点

《各具特色的民居》　　　　　汉族北京人的节日

《和田的维吾尔》　　　　　　汉族客家人、傣族的民居

2. 我最有兴趣继续细读的课文是《＿＿＿＿》，原因是＿＿＿＿＿＿＿＿。

完成以上任务共花了（　　）分钟。①

上述预习单就是引导学生初步感知文章的主要内容，了解自己的兴趣所向，采用连线题和填空题的形式，帮助学生快速初步感知文章的主要内容，为后面的学习打下基础。

预习单重在引导学生初步感知学习内容，培养其自主、合作、探究的学习习惯，因此在设计时应遵循五个原则：一是目标性；二是整合性；三是层次性；四是渐进性；五是开放性。预习单的作用在于可以充分引导学生自主学习，培养和提升其自主探究意识，使之养成良好的学习习惯。

---

① 案例来源：基于目标整合的"单元预习单"的设计与实践. 搜狐网（https://www.sohu.com/a/397915788_120714362）.

类型2:课中学习单

课中任务旨在引导学生理解和掌握大概念。在设计上,教师可以创设问题情境,让学生通过自主合作、探究性学习,让学生发现问题、提出问题和解决问题,在培养其思维,激发其学习兴趣的同时,引导学生学会系统地搭建知识的脚手架,实现对核心素养的培养。

(1)理清题目,了解类型,知晓思路。①独立读题:从题中你知道了哪些信息?题目中的关键词是什么?②大胆猜测:一共要栽多少棵树?③尝试动手操作验证,发现问题。

(2)数形结合,化繁为简,探究规律。选取100 m中的20 m研究栽树规律。出示学习提示:①动手画一画线段图。②思考:栽的棵数和什么有关?③把你的想法和同桌进行交流。

(3)学生汇报,发现规律。出示学习提示:①小组合作,每人选100 m中的一段,完成表格。②思考:棵数和间隔数之间有什么关系?③组长汇总组员的数据进行汇报。学生借助学习任务单推理建模——两端都栽:株数=间隔数+1。

上述案例中的学习任务单就是课中学习单,学习单中的内容具有分层的特点,尊重学生的个性化学习特点,对不同学习基础的学生提出不同的学习要求,这样每个学生都能在学习中有意识地锻炼学习思维,在提升学习能力的同时,也体现了任务单基于大概念的引领,促使学生由浅到深地理解大概念。

类型3:课后作业单

课后作业单,其实就是课后任务单,旨在帮助学生巩固所学的内容,进一步理解大概念,并完成对所学知识的迁移。

"自助餐"作业设计

主食:

1. 请有感情地大声跟读课文,抄写用来介绍 Christmas 的句子并朗读三遍。

2. 请你根据图片和语境选词填空,完成介绍 St. Patrick 节日的短文。

3. 将以上两个节日用英文简单介绍给自己的家人。

配菜：

1. 请将中国节日图片，节日事件与节日名称连线。

2. 请你根据参考词和文本框架完成一篇介绍春节的短文。

3. 请你用你喜欢的形式（写、画、演、说、唱等）介绍一个你最喜欢的中国节日。①

这是主题为"How to introduce a festival"的英语整合式教学的课后作业单。基于教学内容，学生在学习语言时要经历从认知到实践，再到迁移的完整过程。这份任务单通过迁移类的任务，帮助学生实现了语言的积累、理解和运用。

三、多维度进行整合

核心素养的形成并非一日之功，它需要一个长期培养教育的过程。核心素养包括专家思维和复杂交往两个方面。因此要确保学科教学发挥培养学生核心素养的作用，在大单元设计时，就要注意在教学整合时考虑多维，要紧紧围绕着课程标准和核心素养落实大单元教学。下面，我们从大的角度简单加以讨论，在后面的专题再具体展开。

1.整合内容，拓展学习空间

下述案例中，这位教师在教学时进行的内容整合，就是其于内容的相关性进行的。这也是大单元设计的一个重要的维度。

某教师在教学"圆的认识"这一章节的内容时，虽然"第一课时的目标是在画圆的过程中，让学生认识同一个圆的半径、直径以及理解直径和半径之间的关系，并体会圆心和半径之间的关系；第二课时的目标是探索并发现圆是轴对称图形、有无数条对称轴，体会圆的对称性"，但这两个课时就本质而言都是在教学圆的特征，加之圆的对称轴又恰好和直径有必然的联系，于是这位教师就将这

---

① 案例来源：一线英语教师总结的单元整体教学全攻略. 搜狐网（https://learning. sohu.com/a/563972770_ 650698）.

两个课时整合为一个课时。

接着，这位教师又将第二课时和"欣赏与设计"进行整合，这有利于学生理解圆的特征与生活的联系，而且提高了学生根据圆的性质进行问题解决的能力。

最后，考虑到让学生了解关于圆周率的相关历史知识，进行动手操作，更利于学生理解圆的周长和直径间的关系，于是这位教师又将"圆周率的数学文化知识"与"圆的周长"这两节的学习内容整合为一课时，让学生以阅读的形式了解判断周长和直径间的关系的方法，并选择一种易操作的方法进行验证。

这样一来，整合后的数学文化与知识有机结合，让课堂教学更具生命的活力。①

要从这一维度进行整合，教师就要深入钻研教材，因为教材是教学内容的载体，是教和学的重要依据，也是教学过程的支架。在教材中，知识按难易程度分布在学生学习的各个阶段，即学生在不同的阶段所学习的知识仅是相关知识体系上的某个环节中的某个知识层面。针对这一点，不妨在学习某一知识点时，将其与学生从前所学的有关知识进行适度整合，使学生在唤起旧知识的基础上学习新知识。这样一来就可以促进学生更好地掌握新知识，达到在学习新知识的基础上巩固旧知识，即温故而知新的效果。

当然，从教学内容的维度整合时，学科不同，方法也要灵活调整。由上述案例可知，可以将同一单元的内容进行整合；也可以针对不同知识点和技能要求将同一学科的不同阶段的相关内容进行组合，形成一个完整的大单元；还可以将不同学科中的相关内容进行组合，形成一个跨学科的大单元。

2.重续脉络，训练高阶思维

可以借助于同一知识点的脉络延续，也可以进行教学整合。

统编语文八年级下册的第五单元，包括《壶口瀑布》《在长江源头各拉丹

---

① 案例来源：5个小学数学单元整合的案例——基于大单元教学思想. 微信公众号：赣教 E 家（shangraoxian123）.

冬》《登勃朗峰》《一滴水经过丽江》4篇游记类文章。针对游记这一体裁具有涉及内容广泛，写法自由，风格多样，读来既能增广见闻，也能带来美的享受，引发心灵共鸣的特点，某教师以游记这一体裁作为脉络，进行了大单元教学设计。

在随后的大单元学习中，师生共同精读《壶口瀑布》，初步学习游记的特点，并以此为出发点，略读《在长江源头各拉丹冬》（马丽华）、《登勃朗峰》（马克·吐温）、《一滴水经过丽江》（阿来）、《西溪的晴雨》（郁达夫）、《黄山记》（徐迟）、《读三峡》（王充间），体会它们在选材、构思、语言等方面的特点，从中了解景物的美妙和作者的情怀。

在以上精读和略读的基础上，学生明确了游记的结构、语言等特点，接下来学生需要进行知识的迁移，即在掌握游记特点的基础上，结合自己的旅游经历，回忆自己在旅途中不仅观赏了自然风光，而且了解了民风民俗，产生了许多新奇的感受，引发了很多思考和情思，选择自己浏览过的一个景点，写一篇自己的游记。这样一来，学生就真正完成了知识到能力的转化，实现了深度学习。

从这一维度进行整合时，处理好"1"和"X"的关系。这里的"1"就是一个关键的延深点引出的方向，"X"就是由这个点引出的一条知识脉络。以语文学科为例，某一篇文章或学习主题的某方面就是"1"，"X"就是学生基于其生活经验和知识积累从这一点进行的深入学习。在此过程中，教师要做的就是提要求、做示范，成为学生学习的"精神助产士"。在这样的学习过程中，学生将学到的知识和技能在认知内化的基础上实现实践生成，达到触类旁通、举一反三的效果。

由此可知，重续脉络这种整合方式，对于培养和训练学生的高阶思维有着积极的意义，体现了学生是学习的主人，教师是学生学习的护航员和支持者的特点。而这正是核心素养下的课堂教学的特点。

3. 重新建构，提升学习能力

图2-6所示是人教版"三角形的认识"这一大单元教学中知识整合及学习过程。

教学整合与大单元设计

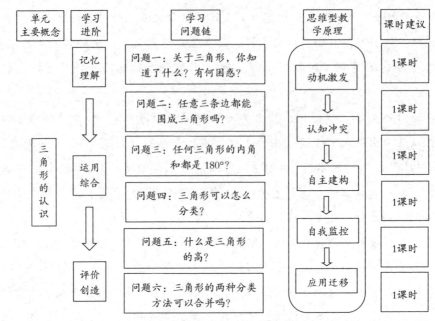

图2-6 "三角形的认识"知识整合及学习过程 ①

从案例可以看到，这样的整合是从建构数学学科的核心概念体系入手，在梳理教材内容、分析教材问题的基础上，理清单元学习目标，前置单元学习评价，重新规划单元学习内容。这样的整合，旨在重构知识内容，让学生在问题链的解决过程中，形成认知冲突，自主建构知识，自我监控，实现知识的迁移，进而提升学生的学习能力。

需要注意的是，从提升学生的能力这一维度整合时，一要注意采用多元化活动设计，二要注意重视情境创设。

所谓多元化活动设计，就是出于丰富教学形式和方法的目的，运用多种教学手段设计多元化的活动，比如组织课堂讨论、安排小组合作、鼓励学生进行个性化表达等，使之在参与中深入理解大单元的知识和技能。

所谓重视情境创设，就是指在大单元的设计过程中，利用情境创设激发学生的学习兴趣，唤起学生的投入感，加深其对所学知识和技能的认识和理解。

---

① 案例来源：如何重构学习单元，实现层层进阶的单元整体教学？微信公众号：思维智汇（swzhihui）.

专题三
基于内容重组的大单元设计

　　培养学生的高阶思维能力，选择什么内容去教是一个重要的问题。实际上，培养学生的高阶思维，就需要在进行大单元设计时更多地选择那些知识本身重要，学习知识的过程也对学生创造力的培养、思维品质的提升有很大帮助的学习内容。这就需要进行基于内容重组的大单元设计。

主题 1

基于教学内容重组

大单元设计这种教学方式，不但可以帮助学生更好地理解知识，而且可以提高教学效率和学习效率。但要实施这样的教学方式，首先要对教学内容进行重组，即基于教学内容的重组，重新构建教学单元。这里的重新构建教学单元，就是把原有的知识按照一定的逻辑和关联性重新进行整合，形成新的学习单元，以帮助学生更好地理解知识之间的联系，加深其对知识的理解和记忆。那么如何进行内容重组呢？不妨从以下几方面进行。

一、明确重组对象

大单元设计要基于内容重组，就需要教师在设计教学预案时将与某一知识点相关的资料，根据学生的基础知识和学习特点，结合自身特长进行增补、删减、置换、重组，从而灵活使用教材，形成立体式的层层推进的文本结构，并在此基础上引导学生有效学习。教师要对重组对象有着清醒的认知，这里的对象，即教学内容；重组对象，顾名思义，就是对不同的学习内容进行重新组合。具体在实际的教学中，一般包括同一学科的内容重组和不同学科的内容重组。

1. 同一学科的内容

同一学科的内容重组时，会存在两种情况：同一学科同一年级的内容和同一学科不同年级的内容。前者还包括同一年级同一单元的内容、同一年级不同单元的内容。

二年级的"乘法口诀"分两个单元（见图 3-1）。

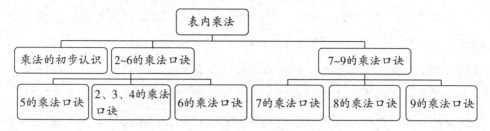

图 3-1 "乘法口诀"教学单元分配

第四单元，教学内容为乘法的初步认识、2~6 的乘法口诀、乘法及加法、乘法及减法，用所学的计算知识解决问题。

第六单元，教学内容为 7~9 的乘法口诀、乘法口诀表以及用 7~9 的乘法口诀解决简单的问题。

考虑到这两个单元内容之间的结构是相近或相似的，某教师在设计教学时根据学生的学习特点，对这些内容进行分析，找出它们之间的关联处和相似点，结构化地进行整合，以"理解乘法的意义"为核心，整合出三个结构化的学习阶段。

第一阶段是学深学透 5 的乘法口诀；第二阶段是放手让学生自主推导 2、3、4 的乘法口诀；第三阶段是在灵活运用中学习 6、7、8、9 的乘法口诀（见图 3-2）。

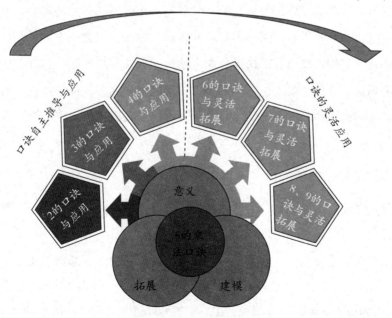

图 3-2 乘法口诀整合结构

在教学设计中，教师设计了让学生先从"5的乘法口诀"开始，围绕乘法的意义这一核心，借助点子图进行推理，先创编"四五二十"这句的口诀，然后从增加1个5或减少1个5出发开始推理，最后完成9句的口诀。继而在这一内容学习的基础上，发现竖着增或减，或者进行拆分，或者添上数字，从而得到新的口诀，其他的乘法口诀也被推理出来。最后，再组织学生进行玩转乘法口诀的活动。

第一种玩法：算式接龙。学生自己挑选一个喜欢的算式，进行举一反三的变化。

第二种玩法：一题开花。看到"四八三十二"这句口诀，你知道它能解决什么样的问题吗？请你写在卡片上。

$4+4+4+4+4+4+4+4=$（　　　）　　$5×8-8=$（　　　）　　$3×8+8=$（　　　）

最终借助数形结合的力量，学生对于"几个几"的来龙去脉获得了新的理解。[①]

从案例可以看到，重组对象是同一学科同一年级不同单元的内容，但是借助于整合重组，不仅知识点得到了丰富，在重组后的知识点学习中，学生的思维也得到了提升。他们不仅会背口诀，更能灵活运用口诀解决问题。这样的教学更能培养学生观察、比较、推理、建模等多种关键的数学能力，使学生在具有挑战性的活动中深刻地感悟知识间的联系，为其后续的学习积累一些思想和方法上的经验。

2. 不同学科的内容

当重组对象是不同学科的内容时，就需要以一个大的主题为核心，提取大概念，设计大任务，组织学生进行项目化学习。

下述案例就是以项目化学习这一方式对不同学科的内容进行的重组。这样的

---

① 案例来源：徐晓良. 单元重组：让深度学习真正发生［J］. 小学教学参考（数学），2020（1）.

重组，使得学生在核心知识"品质"的引导下，围绕3个问题调动已有知识经验，主动探究，主动拓展，在具体情境中持续探讨人物品质，更深入地理解核心知识，在无形之中提升核心素养。

某教师在教学六年级语文"十六年前的回忆"一课前，以"革命题材课本剧表演"为主题，组织学生进行了项目化学习。学生不但在表演中学习语文、历史、美术和音乐等学科知识，提升综合素养，而且在读课文比赛、背字词的活动中激发学习的兴趣和积极性。

一、目标

1. 整体感知课文内容，理清文章的脉络。

2. 查找并了解人物的革命事迹以及相关的背景资料。

3. 关注对人物外貌、神态、言行的描写。

二、实施

核心问题1：根据课文内容，你会分几幕排练革命先烈的事迹？

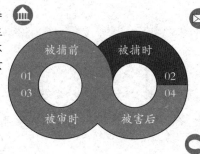

为了避免党组织被破坏，李大钊将书籍和文件烧毁，在得知工友阎振三被捕后，不顾妻子的劝说坚决留在北京工作

反动派到家里搜捕李大钊，李大钊临危不惧。在拘留所时，我党派出同志营救李大钊，李大钊断然拒绝了

全家人得知李大钊被害的讯息，悲痛欲绝

图3-3 分幕排练示意图

由图3-3可知，针对这个问题，学生开展了如图所示的项目化学习，厘清了课文内容和历史事件的脉络，也明确了人物形象和品质。

核心问题2：为更好地展现课本剧，你会通过哪些途径了解革命先烈的事迹？

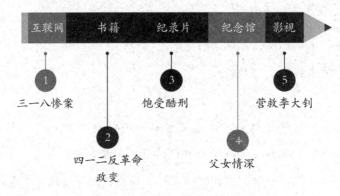

图 3-4 了解革命先烈事迹的提示

由图 3-4 可知，学生在项目化学习中，通过多种途径和手段，学习了历史知识、影视文化知识，进行了不同学科知识的融合。

核心问题 3：在表演时，为丰富人物形象，你会设计怎样的动作、神态和语言？

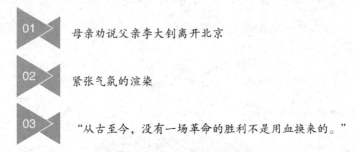

图 3-5 设计人物形象的提示

由图 3-5 可知，围绕着核心问题 3，学生进行了人物形象的设计，不但更深入地理解了人物形象和特定历史背景，而且更深入地理解了作品的主旨。①

需要注意的是，面对不同的重组对象，为确保重组后的内容有效，教师要注意以下几点：一是要尊重学生的个体差异，让每一个学生都学有目标，能在自身的基础上有所提高，提升教学效果；二是要让学生接触丰富、广泛的教学内容和材料，激发学生的学习兴趣，更有效地达成教学目标，提高教学效率；三是要让

---

① 案例来源：新课标推崇的"项目式学习"到底怎么做？微信公众号：安徽临泉教育（ahfylqjy）.

学生愿学、乐学、主动学，使其知识与技能、思维以及情感、态度、价值观均得到不同程度的发展；四是要让学生在具体而真实的情境中学习，在生活中感受，达到知识与生活的有机整合。

最后要注意的是，面对不同的重组对象，教师要从辩证的角度去分析思考，既不囿于教材的束缚，也不能一味追求创新，否定教材，而是要灵活处理，如此方能使课堂充满生命的活力。

二、清楚重组步骤

因为教学内容不同、重组对象不同，在实际的教学工作中，教师还要注意在重组时基于学情改变传统的备课步骤，基于重组对象对备课步骤进行重组。

1. 精选教学内容

所谓重组，就是教师在教学设计时，基于教学目标，对重组对象进行去粗取精的筛选，而不是对所有的教学内容"全盘接受"，进而"全盘授予"。教师要深入解读文本，依据确定的主题和相应的教学目标，对教材进行二度开发，围绕教学对象的核心价值做教学化处理，科学取舍，精选出能确保教学针对性与有效性的教学内容，有选择地进行教学。

某生物教师在教学"动物运动的形成"一节内容时，考虑到知识点多且细，学生极易失去耐心和兴趣，于是在确定教学目标"能对照图片说出人体骨骼和骨骼肌的组成"后，对教学内容进行了科学重组，去粗取精，确定"胸廓"和"骨盆"的构成，以及与伸肘和屈肘有关的肱二头肌和肱三头肌为重要性的学习内容，由此设计出整合后的教学内容。教学效果表明，经过删繁就简后的重组教学内容，不但轻松地达成了教学目标，而且激发了学生的学习兴趣，确实提高了课堂教学实效。

2. 整合教学内容

无论是同一学科的相同或不同教学单元，还是不同学科的相同知识点，要确保教学效果，实现大单元设计，还需要对教学内容进行科学的整合。为此，教师一方面要在了解学情的基础上，针对不同基础的学生，对原有教学内容进行合理加工、整合、拓展，力求做到立足文本、超越文本；另一方面要密切结合学生的实际，对教学内容进行精心合理的整合，使经过组织与整合的教学内容首先让学生产生熟悉感和亲近感，符合学生的实际情况，即符合学生的思维习惯和认知规律，使得学生更能理解所要学习的知识。当然，这并非说明整合的内容只停留在学生现有的发展区，而是要激发学生的求知欲，调动其积极情感，以保证整合的有效性，让教学收到意想不到的效果。

　　某物理教师在教学高中物理（必修第一册）教材"第一章　运动的描述"这一内容时，紧扣"运动"这一核心概念，在逐节课程讲述知识点后，对教学内容进行整合，引导学生综观这一单元的内容，通过质点了解参考系，并且掌握时间和位置的内在联系，通过位置变化快慢的描述，掌握速度知识，又结合速度变化快慢的描述，推理出加速度概念，进而引导其对"运动的描述"进行系统性解读，使之逐步认知物理学科的特点，形成物理学科的抽象思维，更快速、更高效地掌握单元知识，明确每一个单元的内容，提升其物理逻辑思维能力。①

　　这样的整合，确保学生在实际学习中得以逐步培养思维意识，强化其学科能力，并在多层面、多途径开展的学习活动中有效提高学科核心素养，培养其学科思维意识，提高学习的质量和水平。

3. 扩充教学内容

　　受篇幅和出版所限，学科教材在编写上具有一定的局限性和滞后性，因此教材中的教学内容存在着封闭性与静止性的缺点，甚至在时效性上远较学生能获取的信息慢得多。因此教师要基于这些问题，在重组教学内容时，依据学科的特点和教学需要，适当扩充教学内容，将一些新的具有时代特点的相关内容吸纳进

---

① 案例来源：赵飞. 高中物理单元整合教学策略探究［J］. 考试周刊，2022(19).

来。比如，地理和政治学科教师可以将社会关注的节能减排、低碳经济、国际形势等与时代紧密结合的社会热点补充进教学内容中，并结合贴近时代生活和学生感兴趣的内容引导学生讨论、延伸、拓展，以培养学生的思考能力，提升其认知能力，让具有时代气息的内容在扩充课堂教学内容的同时，打开学生的视野，培养其大格局、大思维。

某教师在教学四年级"道德与法治"第三单元第7课"我们的衣食之源"时大胆进行创新和实践，扩充教学内容，实施大单元设计。考虑到这一课的两部分教学内容："白白的大米哪里来"和"美好生活的保证"，清晰明了地表明要让学生了解农业生产者在农作物的种植和生产过程中付出的辛勤劳动，了解农业生产的主要种类以及它们与人们的关系，懂得尊重劳动者的辛勤付出，珍惜劳动人民的劳动成果，这位教师通过向语文教师、美术教师和音乐教师咨询，了解到学生现有的习作水平、学生能力和学习进度，设计了项目化学习，为学生搭建了一个个带有奇思妙想的小话剧平台，让其根据兴趣特点组织以农产品名称为名的话剧组，使得课堂成为学生展示智慧、绽放精彩的舞台。

一、准备活动

在学生依据个人的兴趣和特长选择内容和角色后，教师要求学生完成以下三项任务。

任务一：搜集来源。

依据自己所选内容查找物品的来源，以自述的形式写下来，可以配上图画。

任务二：观察生活。

这一产品为我们做出了哪些贡献？生活中有哪些节约和浪费它的现象？把你最生气的浪费故事、最感动的节约故事整理出来。

任务三：采访。

根据你最想了解的问题采访身边的人，做好采访记录。

二、话剧表演

1. 学生表演

学生穿上自己设计的演出服装，拿着自己制作的各种道具，在自己依据剧情设计的舞台背景下，开始表演。"可爱的大米"在古诗《悯农》的唱诵中娓娓述说稻子的悠久历史；"米宝宝"聚在一起悲痛地诉说自己的辛酸，"西红柿"唱出自己的身世，"土豆"为大家科普蔬菜知识，"玉米"带领大家观光与玉米有关的药品厂⋯⋯

2. 学科拓展

结合话剧表演，语文教师给学生布置了写自己印象深刻的人或经历的事的作业，美术教师组织学生举办了主题为"谢谢你，我们的衣食"的画展。①

可以看到，在上述案例中，道德与法治课因为重组后内容的扩充，实现了多学科知识的融合，学生在学习中不仅局限于道德与法治的学科学习，还扩展到了语文、音乐和美术等学科的学习，在视野上更扩充到社会，而不仅局限于课堂。这正是核心素养要达成的培养目标。

需要注意的是，考虑到教材本身存在的局限性，教师在扩充教学内容时，要注意符合学生现在的生活实际，要与学生的实际生活情况相符，即要紧密联系学生的生活实际对教学内容进行适当的调整和补充，以丰富和完善教学内容。

主题 2

基于教学活动重组

大单元设计以大任务为驱动力，与"怎么教、怎么学"相对应，侧重于使单元规划符合学生的认知特点。因此在进行大单元设计时，要注意基于教学活动进行内容重组。为此，教师要在理清大单元教学活动类型的前提下，基于活动目

---

① 案例来源："老师，我还想这样上课"——大单元、大概念视域下的《道德与法治》教学课例实践. 微信公众号：山东教育新闻网.

标，设计活动的嵌入节点，使之成为大单元设计的重要构成要素。

一、理清教学活动类型

教学活动是指教师在教学过程中，为达到教学目标而安排的一系列活动和任务。它涵盖了教学的各个环节和内容，包括教学设计、教学准备、教学实施和教学评估等。在大单元教学模式中，核心是展示教育，因此展示是大单元教学的灵魂，也是这一教学模式的支撑。从这一角度而言，大单元教学活动主要包括三种基本类型，即预习展示课、提升展示课和巩固展示课。在重组教学内容时，教师还要明确教学活动类型。

1. 预习展示课

预习展示课，又称为预习引导课，是大单元教学的起点和学习的开始。这一教学活动的特点就是发挥导学案这一教与学之间的纽带和抓手的作用，引导学生自主学习。

任务一：大声朗读两遍课文，读准字音，读通句子，标清自然段序号。

任务二：字词积累。

棚架 活生生 苔藓 草坪 甘蔗 瀑布 增加 缝隙 软绵绵 谚语 农作物 尽量 斗篷 缩着 情况 袖子 瓦蓝 衣柜 预报 喧闹 甩打 嘟囔 蒜头 遮盖 讲座 酱油 逗引 嘴唇 蹦跳 高粱 菜畦 稻秧 芭蕾 炖肉 痱子 闷雷 玛瑙 处暑 厚墩墩 窸窸窣窣 理直气壮 焖上米饭

1. 读四遍词语，在书上圈画、补充，并把画横线的词语写一遍。

2. 从课文中找出两个难以理解的词语，并试着解释。

（　　）：_____。

（　　）：_____。

任务三：默读课文，思考这两篇课文分别表达了怎样的中心意思。

《夏天里的成长》：_____。

《盼》：_____。

以上是小学语文六年级第五单元的预习导入课的学习任务单。从任务单的内容我们可以看到，大单元教学模式下的预习展示课，重在培养学生的自主学习能力，借助于独学、对学、群学等方式，先让学生达到掌握 70% ~ 80% 的学习目标，并在小组内部由组长带领，要求每个成员对自己的学习成果进行展示。同时可以看到，预习展示课中展示的内容要少而精，要对接下来的提升展示课有指导和铺垫意义。

2. 提升展示课

提升展示课是对大单元下的小组合作学习成果进行的展示，主要是借助任务群，在教师的追问、质疑中，使学生进一步明确学习目标，拓展更多的相关内容，在学习中做到举一反三，提升能力。

以下是高一物理以"动量"为主题的大单元教学设计片段。

一、课前分享

课前 5 分钟，教师让学生代表用两组质量不一样的小球做了对比实验，让大家观察碰撞现象，激发学生的兴趣，积极带领大家思考碰撞的效果和哪些因素有关。

二、新课探究

教师围绕这节课的重难点，用三个教学活动引导学生观察，发现规律，分析物理量的变化。

活动 1：实验操作和视频结合。教师先带学生操作一遍，利用已有的视频，结合学生平板设置一个微课，让学生观察并计算，分组讨论并在小组间积极展示结论。

活动 2：以师生问答的形式引出新物理量，从物理学的分析角度，对这个物理量进行定义和性质判断。

活动 3：从学生掌握的已有知识和能力出发，帮助学生理解动量变化的计算，让学生从作图和三角函数两个方面来进行计算。

从案例可以看到，"课前分享"在某种程度上是对学生预习的检查，而接下来的"新课探究"其实就是提升展示。在这样的展示课上，借助于层层递进、逐步深入的活动，学生"聚焦"于所要学习的知识，而教师则与学生处于平行的角度上，依据学生的表现，适时调整自己的位置，或示范引领，或观察和发现，从而保证每一个学生都能站在最佳位置，收获良好的学习体验。在这样的大单元教学中，学生在展示自我的过程中，不但要展示其合作学习的成果，还要展示个人风采，因此可以获得成就感。

3. 巩固展示课

巩固展示课，简单地说，其实就是基于大单元学习，引导学生自主拓展提升，迁移应用，旨在追求知识的再生成。

下述案例是统编版语文七（下）第五单元以"哲理之思"为主题的大概念教学内容节选的两项任务。

【活动任务四】绘景状物表寄托

师：本单元写作实践部分，要求大家选择你喜欢的景或物，写一个片段，注意语句连贯顺畅，不少于200字。下面这篇托物言志微写作，是老师缩写、改编了潘鸣先生《草木回芽》中的一段文字，大家认认真真地读一读，感受一下物我交融、托物言志的精妙写法。

屏显：（师示范）这是一棵低调谦逊的绿柳，它给予了我生命内敛的力量。你看，从枝条上泛出的芽苞，渺小得像脱壳而出的米粒，像经夜未消的露珠，但谁也无法小觑它身体内部潜藏着的巨大能量。那些蛰伏在枝中的胚芽，能于料峭东风中执着向上，一点点挺进，赤手空拳从严丝合缝的木质肌理中步步逸出，突破虬枝铁皮般严实的包装，绽放出一团团以柔克刚的巨大内力，这在大自然中是何等出类拔萃！这样的谦恭不正如内敛的君子风度吗？

（学生轻声朗读，体验）

师：请大家以下列句式为开头，选一种景或物，运用物我交融、托物言志的手法，细致描摹，寄托你的志趣或意愿。写一个片段，不少于200字。

句式：这是_____（物的外在或内在特点）的_____（景或物），它给予了我生命的_____（感悟），你看，_____。

（学生动笔写作，小组交流展示）

【活动任务五】对联创写促表达

师：来，对对联的时刻又到了，请大家结合两篇散文内容，对几副对联吧。

（生翻书深思，之后小组互助修改，展示）①

从节选的内容可以看到，这一部分旨在引导学生结合课内所学托物言志类文本，读写结合，写一篇托物言志的文章，整合单元内容用对联形式创意表达，促进理解。这正是巩固展示课的特点。

在巩固展示课上，教师要善于利用某些奇思妙想，让有"创见"的学生展示自己的独到思维见解，借助于学生"兵练兵""兵教兵""兵强兵"的过程达到对知识的再认识和巩固的"目的"。

需要注意的是，这一课型的"展示"，在于发现学生"求异思维"能力的表现。依据学科不同，这种展示的形式也不同，比如数学可以采用"一题多解""多解一题"的形式，语文可以采用创意写作或表达的形式等，就是要让学生在智慧的对撞之中，开启思维，生成能力。

二、明确教学活动目标

大单元教学的重点不是让教师讲，而是让学生经历和体验学习。如何经历和体验学习？教师要结合给学生的那份整体的学习线路图，即学程方案（也可以称为学历案、导学案），依据方案开展相应的教学活动和学习活动。而要设计出这样的方案，首先就要明确教学活动的目标，并使之成为内容重组的重要依据。

---

① 案例来源：张爱林. 生命的主张——向外观，向内求，向前走. 微信公众号：语文湿地（yuwenshidi）.

专题三 基于内容重组的大单元设计

1. 认识教学活动目标

大单元教学活动的目标是大单元教学活动所期待的学生达到的学习效果，是指导教师教学和学生学习的纲领，更是促进学生深度理解、实现知识迁移应用的最终目标和长期目标。有了它，大单元教学才能真正实现素养落地。

我们来看一个教学目标设计的案例。

1. 感受革命领袖的伟大革命抱负和豪放胸襟，理解文章作者对国家前途命运的关注，激发青春的热情，理解春青的价值，敞开心扉，追寻理想，拥抱未来。

2. 领会本单元诗歌与小说的内容，理解诗歌借意象抒发情感的手法，把握小说叙事和抒情的特点，体会诗歌和小说的独特魅力。

3. 学习从语言、形象、情感特点等不同角度欣赏作品，获得审美体验，提高文学作品的鉴赏能力。

4. 结合本单元诗作的学习，尝试写作诗歌。可以以本单元的作品为学习的范本，也可以选择自己喜欢的中外诗歌作为研习的材料，从生活出发，寻找素材，激发诗情，抒发真情实感。掌握诗歌写作的一般技巧，注重语言的锤炼。①

上述案例就是高中语文必修上册"第一单元 青春激扬"的大单元教学设计的教学目标。从内容中的"感受""领会""理解""学习""获得"等动词，可以明确学习要达成的目标。

2. 教学活动目标的确定

大单元教学活动是基于学生自己的大主题、大任务、大情景开展一种自主驱动的学习活动，学生要在学习的过程中将其学习思维呈现出来，使之可视化，从而保证过程评价有章可循。因此，教师需要在明确的大单元教学活动的目标下，编制学程方案和运用学程方案。具体来说，教师要科学地确定大单元教学活动目标，必须从以下几个角度入手。

---

① 案例来源：如何开展大单元教学设计？（附路径、案例）. 微信公众号：中小学资料吧（mz20151208）.

教学整合与大单元设计

（1）研究和分解课标

教师要高站位把握课标，即深入研究国家课程标准，对 2022 年版新课标中的课程总目标、学习任务群学段目标进行深入研究和理解，从"课程性质与基本理念""学科核心素养与课程目标"部分提取大概念。接着在深入研究的基础上，通过国家课程标准中的"课程结构"和"课程内容"来提取大概念，并将其分解为学年目标、学期目标。最后在学期目标的基础上，教师要以素养为导向，在大概念的基础上，围绕大概念确立大单元教学目标。

（2）分析学情

在研究和分解课标的同时，教师要对学生真实的学情进行了解，即要了解学生的学习水平和学习需要。在确定目标中，如果教师对学生真实学情存在过高或过低的估量，那么就极难找到学生学习时的真正痛点，当然目标的设定就会浮于表面；相反，教师如果能深入分析学情，那么就会让教学停留在学习发展区，让学生的学习水平获得切实提高（见图 3-6）。

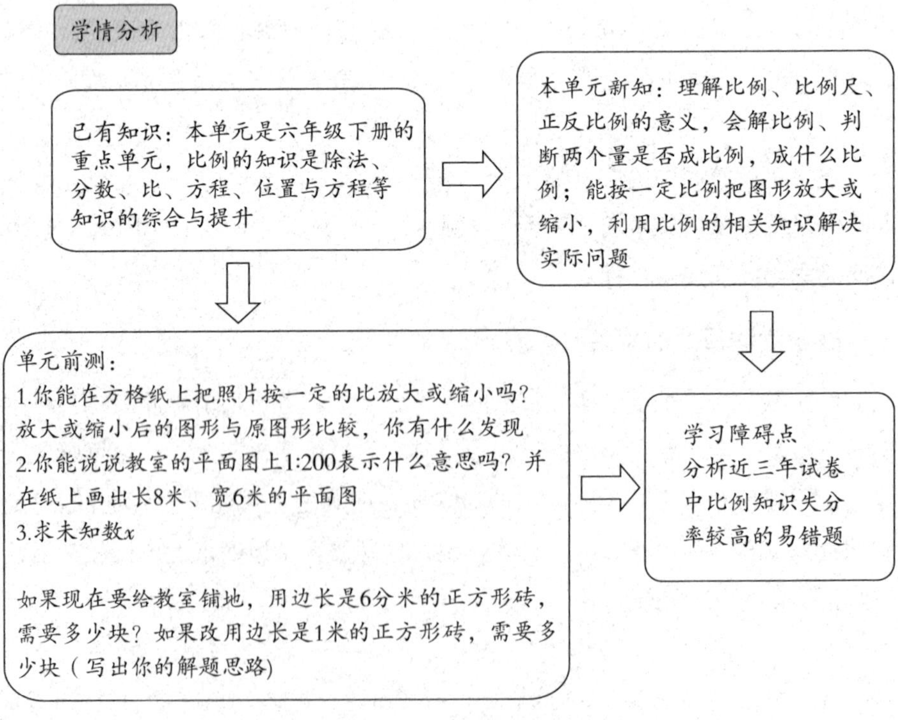

学情分析

已有知识：本单元是六年级下册的重点单元，比例的知识是除法、分数、比、方程、位置与方程等知识的综合与提升

本单元新知：理解比例、比例尺、正反比例的意义，会解比例、判断两个量是否成比例，成什么比例；能按一定比例把图形放大或缩小，利用比例的相关知识解决实际问题

单元前测：
1. 你能在方格纸上把照片按一定的比放大或缩小吗？放大或缩小后的图形与原图形比较，你有什么发现
2. 你能说说教室的平面图上 1:200 表示什么意思吗？并在纸上画出长 8 米、宽 6 米的平面图
3. 求未知数 x

如果现在要给教室铺地，用边长是 6 分米的正方形砖，需要多少块？如果改用边长是 1 米的正方形砖，需要多少块（写出你的解题思路）

学习障碍点
分析近三年试卷中比例知识失分率较高的易错题

图 3-6　案例：某单元学情分析示意图

（3）通览教学内容

通览教学内容，就是了解教学对象——教材。教材是最为重要的教学资源，因此基于教学活动重组教学对象，也需要对教材加以重点分析。当然，不同的学科，对大概念的提取也有一定的区别。

以语文学科为例，教师可从以下几方面入手：一是要通览单元导读页，明确人文主题和语言要素，并从语文要素中层层分解，为提取"单元大概念"做好准备；二是要研读教学文本，在了解文本内容的基础上梳理文本和单元大概念之间的逻辑联系，并对与单元大概念不存在逻辑联系或逻辑联系少的教学内容进行大胆的舍弃。需要注意的是，针对小学语文的口语交际和习作，中学语文的综合实践和写作要思考其与单元文本内容的相关性，并以此确定重点，补充相应的资源，使之融入大单元教学设计活动中。

（4）提炼大概念，确定教学目标

要做到提炼单元大概念，并据此确定大单元教学目标，就要明确提炼单元大概念与生活的相关性，即明确 3 个问题：生活中什么时候需要？生活中如何使用？生活中什么不能使用？在这 3 个问题的思考与回答中，抓住大概念，细化为大单元教学目标。

1. 先通读本单元两篇现代文，准确提取关键信息，画思维导图。

2. 紧扣"生命"一语立骨，给《紫藤萝瀑布》与《一棵小桃树》写出内容微点评。

3. 紧扣本单元写作训练"托物言志"，比较两文内容的异同，提炼写作秘籍。

4. 写一段"托物言志"小散文，寄寓自己的情思，抒发对社会人生的感悟。

5. 整合单元内容，用对联形式创意表达，促进理解。

上述教学活动目标是围绕统编版语文七（下）第五单元提取的大概念——

哲理之思，细化分解确立的教学活动目标。这些教学活动目标就是基于对教学标准、学情、教材的分析确立的。

三、选择活动节点

教学活动是一个特殊的环境，身处其中的学生在教师的引导下主动思考，主动掌握知识和技能，学会思维活动和思维方法，进而达到思维的迁移。核心素养下的大单元教学，旨在充分调动学生的思维，培养其善于观察、分析，积极动员和组织的思维品质。这是学习活动和教学活动效率提高的基础，也是重组教学内容的重要依据。

教师可从以下几个教学活动的节点入手，重组教学内容。

1. 教学活动引入环节的节点

教学活动的引入一般是提供有意义的结构化材料来创设教学情境。这时就需要结构化的材料。这些结构化的教材包含两个方面的内容：一是教材上明确规定的或教师根据教学内容加工组装的材料；二是学生记忆中已有的经验材料。二者是学生思维的一个节点，与教学效果有密切的联系，是教师必须充分关注的部分。为此，教师要在充分掌握好学生现有的知识和能力水平的前提下，从营造认知冲突，引发内在动机的角度出发，重组教学内容。

某小学数学教师在教学"利息"这一内容前，考虑到学生现有的生活实际与教学内容相距较大，于是重组教材，用课前学习任务单引导学生做两项准备工作：一是到银行存一次钱，二是调查一下定期存款一年期、二年期、三年期的年利率分别是多少。学生满怀浓厚的兴趣，在课后，或邀同学，或邀父母，或独立操作，兴致盎然地完成了这一特殊的任务。接下来在预习展示课上，学生们纷纷带来了他们的存单，还分享了自己的发现，有的学生把自己与父母以前的存单比较了一下，发现利率下调了；有的学生经过计算，发现存单上填写的本息合计少了，怀疑是不是银行弄错了……这样一来，重组后的教学内容不但避免了利息的教学公式化，又密切了学习与生活的联系。

上述案例充分说明，教师在重组教学内容时，不要被教材所禁锢，要科学重组教材，将其盘活，让生活成为学科教学的源泉，成为大单元教学设计的源泉。以"源于教材，高于教材"的理念去重组教学内容，方能让大单元教学有助于学生掌握和运用知识，有助于提高学生的学习兴趣，有助于学生能力的提升。

当然，这样重组的一个重要前提就是了解学生的认知结构，即学生的经验系统。教师在重组教学内容时，要在重组后的导入环节给学生留下思考的空间，让学生的思维在这个节点能"发光"。教师必须认识到，教学活动的引入，一般是由旧知过渡来启发联想。根据学习心理学理论，学生现有水平表现为直接再现能力，通过当前事物唤起旧经验，充分让学生产生直接再现经验是这个环节的显著节点。如何在导入环节这个节点重组教学内容呢？那就要在知识的间接反映上做有用功，即内容引入不仅要了解学生现有水平，更要了解学生的潜在（发展）水平。如此一来，重组后的导入环节才能有力推动活动开展，激发学生思维。

2. 有意义讲授环节的节点

教师的参与和指导是教学活动中的必备要素。在参与和指导中，教师要对重点、难点、关键以及学生共同面对的困难进行讲授，且确保所讲授的都是学生需要的，是有意义的。这里的有意义，就是隐含的观念信息和学生已有认知结构中的观念发生相关作用时产生的潜在距离推动学生知识的内化，而这也是重组教学内容的一个重要节点，即讲授环节的关键节点。

下述案例是部编版八年级语文下册第二单元的大单元教学设计中有意义讲授环节。

四、完成任务

1. 通读本单元4篇课文。

2. 辨析4篇课文的说明方法，完成学习任务。

问题1：这4篇说明文都用了哪些说明方法，其作用分别是什么？

问题2：4篇课文中，有哪些句子同时使用了多种说明方法？请举例。

【示例】

1. 这4篇说明文都用了哪些说明方法，其作用分别是什么？

（1）作比较

《阿西莫夫短文两篇》：一立方英寸被压扁的沙子比一立方英寸普通的沙子要重得多。这句话解释了斯石英和普通沙子的区别，强调了被压扁的沙子的重量。

《大自然的语言》：北京的物候记录，1962年的山桃、杏花、苹果、榆叶梅、西府海棠、丁香、刺槐的花期比1961年迟十天左右，比1960年迟五六天。这句话突出强调了物候现象对农业的影响。

（2）打比方

《阿西莫夫短文两篇》：位于南极中心部位的南极洲是全球的大冰箱。这句话形象地说明了南极洲寒冷的程度和南极洲在地球中的重要地位。

《大自然的语言》：物候观测使用的是"活的仪器"，是活生生的生物。这句话说明了物候观测的特征。

《时间的脚印》：如果大量的水结成了冰……就好像一柄铁帚从地上扫过，刨刮着所遇到的一些石头。这句话说明冰河对岩石的破坏作用巨大。

（3）举例子

《大自然的语言》：在春天，早春和晚春也不相同。如在早春三四月间，南京桃花要比北京早开二十天，但是到晚春……这句话通过举例说明物候现象南北差异的日数因季节差别而不同。

《阿西莫夫短文两篇》：不同科学领域之间是紧密相连的。在一个科学领域的发现肯定会对其他领域产生影响。例如，在1986年1月，阿根廷南极研究所宣布在詹姆斯罗斯岛发现了一些骨骼化石……这句话列举南极发现恐龙的例子说明了不同科学领域的相互影响，并为后文做铺垫。

《时间的脚印》：当然我们也不能忘掉人的作用。例如，在建筑兰新铁路的时候，一个山头几分钟内就被炸掉了，这相对地质作用的速度可要快多了。这句话举例说明了人为因素对地质变化的影响。

2. 四篇课文中，哪些句子同时使用了多种说明方法？请举例。

（1）《大雁归来》：如果一只主红雀对着暖流歌唱起春天来，却发现自己搞错了……如果一只花鼠想出来晒太阳，却遭遇了……而一只定期迁徙的大雁，下定在了黑夜飞行200英里……这个句子通过举例子和作比较的方法表现大雁对季节判断的准确性。作者举出一些动物遭遇一些恶劣的天气之后会怎样的例子和大雁很少回头作对比，侧面表现了大雁对于季节判断的准确性很高。

（2）《大自然的语言》：物候观测使用的是"活的仪器"，是活生生的生物。它比气象仪器复杂得多，灵敏得多。这个句子运用了打比方和作比较的方法。把活生生的生物比作"活的仪器"，且和气象仪器进行了比较，生动形象地说明了物候观测的特征在于生物观测，且十分灵敏。

【教师点评】

细致、仔细、准确，没有知识性错误，关注了说明方法对说明对象特征的强化作用。

从案例可以看到，紧扣"科学道理"这一主题的4篇课文进行的大单元教学，在教学内容的重组上，联结了有意义的讲授这一关键环节。

如何抓住有意义的讲授环节的节点进行教学内容的重组呢？这就需要教师找到有意义的讲授环节产生的两个条件：一是教师是否能将有潜在意义的学习材料和学生已有的认知结构联系起来；二是学生能不能采取和保持相应的学习心态来进行学习。为此，教师在重组教学内容时，就要有选择性地提取学生认知结构中最有联系的原有知识作为整合新材料的"类属观念"，增强学生对新材料的熟悉感。这样一来，讲授只是串起教学内容的脉络，是促成和学生的主动思维协调一致的手段，更是获得较高教学效率的保证。

当然，依据有意义的讲授环节这一节点重组教学内容时，除了具体内容分析归纳的过程介入，还包括课堂训练的作业处理。教师也可以利用即时提问和分布设问将教学内容串在一起，重组教学内容，帮助学生降低难度和分解难点，在及时疏通与评点的过程中提高学生理解教学内容的能力。

必须注意的是，有意义的讲授环节这一节点离不开精心设计的问题。关于这一点，后文将专门论述。

3. 反馈与评价环节的节点

在明确大单元教学活动目标后，接下来就需要对教学内容进行重组。如何重组呢？找到不同教学活动环节的节点就是一种重要的依据。

下述案例是统编版语文教材六年级上册第八单元的大单元教学设计的部分内容。这一大单元的教学设计，紧紧围绕"亲近鲁迅"这一主题组织内容，与"革命文化"紧密相关，选择了不同文体的文章，并结合相应的学习目标和评价内容，借助于教材单元提示，围绕编者的目的，将其与课标中"文学阅读与创意表达"任务群相联结，进而从学生知识与能力成长的评价与反馈的角度对教学内容进行重组（见表 3 - 1）。

表 3 - 1　根据学习目标设计评价任务

学习目标	评价任务
1. 认识"郑、拜"等 25 个字，会写"缚、厨"等 25 个字和"毡帽、项圈"等 29 个词语	1. 分类整理学过的字词，发现所学汉字形、音、义和书写特点，硬笔书写楷书，行款整齐，力求美观，有一定的速度；能联系上下文和自己的积累，推想课文中有关词句的意思，辨别词语的感情色彩，体会其表达效果
2. 正确、流利、有感情地朗读课文，积累精彩的语句和鲁迅的名言	2. 借助语气语调、重音节奏等朗诵课文和名句，在反复朗读中加深对文本内容的理解，并能运用鲁迅名言理解文章的主要内容
3. 借助网络资源，结合"阅读链接"和相关书籍，理解含义深刻的句子和课文的主要内容，感受鲁迅先生的形象和性格特点，归纳其意志品质和精神追求	3. 能够熟练使用百度、知乎、哔哩哔哩等网络资源，初步了解查找资料、运用资料的基本方法；借助"小管家"等小程序，实现跨媒介阅读与运用，获取资料，解决与学习和生活相关的问题，初步运用多种方法整理和呈现信息；默读课文，借助题目、关键句、主要事件和相关资料，用自己的话概括出文中的主要事件，理解和把握课文主要内容、人物精神，概括出自己的情感体验

学习目标	评价任务
4. 反复朗诵课文，揣摩精彩语句的意味，体会寻常语句的深刻内涵。学习文章运用的比喻、象征、对比等手法，分析其效果与作用。归纳鲁迅的精神品质，寻找向鲁迅学习的方向和路径	4. 借助于课文、注释和相关资料，理解含义深刻的句子，总结作者使用的对比、象征等手法及其作用；概括鲁迅先生的形象和性格特点；归纳其意志品质和精神追求
5. 能运用第二人称叙事，通过事件表达鲁迅或其他人物对自己的重要意义。综合运用记叙、抒情、议论等方式，表达自己对他人的真挚情感	5. 能运用第二人称叙事，通过事件表达鲁迅或其他人物对自己的重要意义。借助于题目、关键句、主要事件和相关资料，表现文章的主要内容、人物精神和自己的情感体验

鲁迅先生印象展

【导引】学习这个单元，我们除了阅读课文，还搜集阅读了很多相关的资料，对鲁迅先生有了新的认识。接下来，我们结合课内所学和课外搜集的资料，在教室里的宣传栏上，策划一次"鲁迅印象展"。

一、剖析资料，讨论布展内容

分析自己搜集的资料，根据自学提示将其简单归类。

1. 我查找的是关于鲁迅哪些方面的资料？

2. 我可以按怎样的顺序或规律对资料进行分类？

二、整合资料，小组讨论布展主题

1. 小组表达：我们组搜集了关于鲁迅各方面的材料。

2. 组内讨论本组哪方面的资料最翔实、最有特色，商定本组布展内容。

三、结合实际，学习设计策略

1. 观察部分展览馆的海报图片，发现展览主题的价值，从而明确展览应当有一个相对具体的主题。

2. 师生共同确定鲁迅纪念馆的展览主题，各小组确定展览内容，明确重点。

教师提示：当组内针对同一内容有较多材料时，要根据展览重点，大胆取舍，才能突出重点，吸引参观者。

3. 回忆参观经历，力求展览形式丰富多样。

　　教师借助学生参观城市规划纪念馆、唯美陶瓷纪念馆等经历，引导学生发现亲手操作、亲手实践的展示环节更容易留下深刻的印象。

　　4. 转换视角：想象你是一位参观者，一个好的纪念馆、一个好的展览，应该让你产生怎样的感觉？

　　要求：想尽办法激发参观者的兴趣，让参观者更多地了解鲁迅先生。

　　四、内容准备，小组设计布展

　　1. 小组讨论，为本组的展区设计一个小主题，思考适合布展的位置。

　　2. 确定本组展示内容，如我为鲁迅先生画肖像、鲁迅先生小档案、鲁迅先生经典作品分享、童言童语说鲁迅……

　　3. 小组讨论，商定计划运用何种方式展示内容（如图文结合、视频短片、作品讲解等）。

　　4. 根据展示内容，小组内进行分工，利用课余时间完成相关内容准备。

　　五、分享展示，博采众长

　　小组汇报：组员依次陈述—组长总结亮点—征求其他小组意见—小组互评。

表 3-2　分组评价

评价要素	1组	2组	3组	4组	5组	6组	7组	8组
主题鲜明（20分）								
分类合理（20分）								
详略得当（20分）								
图文并茂（20分）								
解说精彩（20分）								
总分								

　　小结：也许20年后、30年后，那个设计鲁迅纪念馆的人就是你们，你们要把一个更有趣、更有爱的鲁迅先生展现给大家。①

―――――――――――

　　① 案例来源：阮美好，代秀萍，叶映丽，等. 以文识人，走近鲁迅——六年级上册第八单元整体教学设计［J］. 小学语文教学，2021（34）：47-51.

从案例中可以发现，在重组后的教学内容中，学生借助于随时评价和嵌入式评价，及时了解自己在学习中的情况，有准备和有目的地强化或改进学习行为，巩固或调整学习方式，确保提高学习效率。这正是学习活动方式检验的调节与强化功能的体现。

这就提示我们，任何实践活动都离不开在一定标准下的检验。检验是促进人的认识提升的重要手段，更是人类各种实践活动得以不断发生的重要前提。作为人类特殊的实践活动的教学活动，要成为不断提升学生的认识和能力的重要手段，就离不开检验。教学活动中的检验应从两个方面入手：一是活动方式，即借助于活动将教学效果与预期目标进行对照，从而获得学生掌握学习内容程度的各种反馈信息，这是决定教学策略的方向和前提，也是设计和控制下一步的教学过程的基础；二是学生学习成效，就是借助于某个活动获知学生究竟是否掌握了相应的知识和技能、获得了相应的新的能力，学习品质是否发生了相应的变化等相关反馈。

为此，教师在重组教学内容时，就要从反馈和评价环节的节点出发，让重组后的教学内容利于教师及时对教学效果和学习效果进行提升。

4. 小结与概述环节的节点

在课堂教学活动中，小结与概述环节可以引导学生将已学的知识系统化和结构化，使新的认识迅速地纳入学生已有的认知结构之中，牢固形成学生自己的知识经验，并体现为一定的能力。在大单元教学设计中，借助于这样的环节节点，同样可以对教学内容进行重组。

（1）从知识归类入手

小结与概述环节是知识归类整理的一个重要的方式，也是课堂教学过程中一个重要的节点。在这一环节中，借助于教师的指引，学生自己陈述，对知识进行归类整理，有利于其形成思维整理的品质。

以下是高中语文《念奴娇·赤壁怀古》《永遇乐·京口北固亭怀古》《声声慢》宋词大单元群文教学设计第二课时的小结环节。

三、总结提升

1. 以《念奴娇·赤壁怀古》的鉴赏为例，总结怀古诗词的特点。

(1) 怀古实为伤今；

(2) 多将当时的国事身世写入；

(3) 上阕多为写景，下阕多为抒情议论；

(4) 多用典，借历史人物或事件讽喻现实；

(5) 风格多为雄浑、豪放、悲壮。

2. 王安石的《桂枝香·金陵怀古》和苏轼的《念奴娇·赤壁怀古》这两首词都是怀古之作，都是借景抒发自身的感情，但从人文精神、人生体验上着眼，二者有没有差别？

苏轼的《念奴娇·赤壁怀古》主要是悲叹自己华发早生，壮志未酬。这是对于自我人生价值的观照，是道家个体精神的集中体现。

王安石的《桂枝香·金陵怀古》主要是对于国家命运、前途的担忧，是对社会的观照。这是儒家"居庙堂之高则忧其民，处江湖之远则忧其君"的兼济天下精神的体现。①

从案例的内容可以看到，这一教学设计就是基于三首词共同的知识点"写景、咏史、抒情融为一体的写作手法"，进而重组形成的。

教学的根本任务之一就是使学生获得知识结构化的认识，这就是概念、原理、法则等基本规律性的知识。于学生的学习而言，掌握科学的基本结构有利于其从整体上形成对知识的认知，有助于实现广泛的迁移。借助于这样的功能，教师可以从小结这一节点入手，结合相关的知识点，对教学内容进行重组。

(2) 从方法总结入手

方法是一个比知识包容性更大的认识，需要教师进行程序性的提示，帮助学

---

① 案例来源：美好的作品都来自美好的心灵——《念奴娇·赤壁怀古》《永遇乐·京口北固亭怀古》《声声慢》宋词群文教学设计. 微信公众号：超然客（crker200）.

生总结。在教学的小结和概述环节，教师对教学方法进行相应的总结，让学生了解并懂得方法的应用，其根本目的就是澄清"虚学"和"假学"，以保证学生获得的是真实的经验。而这一环节，也是实施大单元教学时进行内容重组的一个节点。

下述案例是苏科版数学教材七年级上册第三章第六节"整式的加减"的大单元教学设计片段节选。

3. 例题教学，强化运算

例一：求 $2a^2 - 4a + 1$ 与 $-3a^2 + 2a - 5$ 的差。

问题1：这道题的条件是什么？是做怎样的运算？

问题2：我们可否通过改变条件或是求解的结果对题目进行改编？

生：①我们可以求 $2a^2 - 4a + 1$ 与 $-3a^2 + 2a - 5$ 的和。

②求 $-3a^2 + 2a - 5$ 与 $2a^2 - 4a + 1$ 的差。

③求 $2(2a^2 - 4a + 1)$ 与 $-3a^2 + 2a - 5$ 的差。

④求 $2(2a^2 - 4a + 1)$ 与 $3(-3a^2 + 2a - 5)$ 的差。

师：刚才大家出的题，是对多项式 $2a^2 - 4a + 1$ 与 $-3a^2 + 2a - 5$ 乘以了2倍、3倍再进行的加减运算，在这个过程中，我们把这两个多项式看成了什么？所以还可以如何表述？

生：设 $A = 2a^2 - 4a + 1$，$B = -3a^2 + 2a - 5$，求 $2A - 3B$、$-A + B$ 的值。其实只要改变系数，可以有很多种组合。

师：非常好，这样我们就把求这两个多项式的差的特殊情况，变成可以求解这两个多项式的各种组合的情况。实现了从特殊到一般的过程。大家可以求一求 $2A - 3B$ 与 $-A + B$ 的值。

生：我们还可以对其中的字母赋值，如当 $a = 3$ 时，求 $2a^2 - 4a + 1$ 与 $-3a^2 + 2a - 5$ 的差的值。

师：非常好，当给字母赋值后，我们就把整式的加减与有理数的运算建立了联系。从式的运算转化为数的运算。我们以此为例，来求解。

……①

从案例可以看到，教师借助于概述，将知识应用方法加以概括，并引导学生将新旧知识联系起来。这正体现了大单元下教学内容整合的一种方式，即从方法总结入手，在概述环节的节点进行整合。

需要注意的是，以数学学科为例，在实际的教学中，教学方法认识包括知识应用方法的认识，也就是原有知识应用方法的检验、新的知识应用方法的掌握，也包括基本方法运用的反思与提炼。前一种认识的总结多出现在概念等新知识的学习中，后一种总结则多出现在问题解决的学习中，要结合不同的情况，即教学内容进行合理重组。

（3）从学习成功感的培养入手

心理学把学习成功感称为自我效能感，它是指人对自己能够进行某一行为的实际能力的推测和判断。学生在获得了相应的知识和技能后，其自我效能感就成了行为的决定因素，因此在教学活动中，教师在重组教学内容时，要加强学生思维能力的培养，还要唤起学生的学习自主性。

某教师教学人教版生物2011版八（上）第五单元第五章"病毒"、八（下）第八单元第一章第一节"传染病及其预防"和第二节"免疫与计划免疫"时，在解读课标和教材等教学指导性资源后，根据"新冠肺炎疫情背景"以及授课学校教学进度和学情特点，进而打破教材顺序重组教学内容，实施大单元教学。

这位教师以"预防传染病"为主题进行教学设计，将切入整个单元主题的方法作为重点思考的内容。最后，这位教师选择小结活动环节的节点为：在第一课时围绕预防传染病展开这一框架，用概念引入病毒的教学；第二课时的学习任务要在第一课时的基础上，完善"预防传染病"这个单元的框架，在小结知识

---

① 案例来源：初中数学大单元教学的实践与思考——以苏科版"整式的加减"的教学设计为例.

部分找到切入点，进入传染病的完整学习；第三课时则在概念环节回到传染病的病因，除了病原体导致传染病的发生，其实还和自身免疫有关系，然后小结确立和完善整个单元体系。这三节课层层递进，体现了大单元设计的整体性和递进性，如图 3-7 所示。

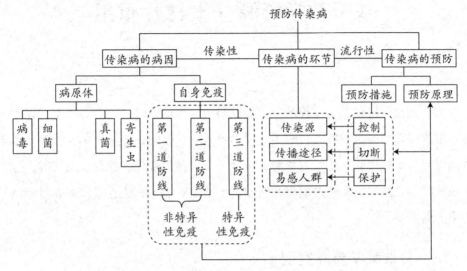

图 3-7 "预防传染病"教学设计思维导图

案例的大单元设计，就是从小结和概念环节的节点入手，让重组后的教学内容形成一种整合，环环相扣，引导学生形成知识结构，使之掌握和体验这种认识活动过程的思维方法，并运用这种思维方法获得学习的成就感。

此外，还要注意的是，大单元教学设计，在基于教学活动重组时，要考虑到教学过程的诸环节，同时要注意遵循以下几个原则：一是要紧扣目标，每一个任务或活动都指向大单元目标的达成，并与单元大情境相呼应；二是要为学生创设一个真实的问题情境；三是要尽量做到生动有趣，驱动和激发学生的自我系统；四是要具备一定的综合复杂性，有一定的难度和挑战，让学生形成持久的思考和探究；五是要具备可评估性，这也是实现素养目标的重要证据。

主题 3

基于教学资源（素材）重组

大单元教学将分散、零碎的东西加以归纳与整理，以核心素养为本，以学习任务群为课程内容组织方式，整体设计学习活动。因此，进行大单元设计，就要根据学习需求提供匹配的学习资源，包括文字材料、音频、视频、图像等，这是大单元教学能够顺利实施的前提和保障，也是促成学生的核心素养培养目标达成的重要前提。

一、分清教学资源类型

教学资源是为教学的有效开展提供素材等各种可被利用的条件，通常包括教材、案例、影视、图片、课件等，也包括教师资源、教具、基础设施等。大单元设计中，要从教学资源的角度重组内容，就要明确教学资源的类型。一般来说，大单元教学实施所需的学习资源可分为以下四类。

1.学习场提供的物质资源

所谓学习场提供的物质资源，就是指相关的学习工具、教学工具和多媒体设备等，比如制作好的 PPT、教学演示、视频、图表等，教学工具书、教学参考书、课外读物、习题集等，它们既是学生复习、巩固知识的资料，也是教师备课的工具，其作用是帮助教师更直观、生动地向学生传授知识（见图 3 - 8）。

公元前400年
德谟克利特(古希腊)认为宇宙万物是由微小、坚硬、不可分的"原子"构成的。从哲学角度第一次提出"原子"。

1803年
道尔顿(英国)提出原子论。

1811年
阿伏伽德罗(意大利)提出分子学说,指出了分子和原子的区别。

1982年
世界上第一台扫描隧道显微镜研制成功,它能直接观察到分子、原子的图像。

图3-8 分子、原子设想阶段 ①

这是某教师在教学人教版初中化学教科书"分子和原子"大单元设计时,指导学生参看化学教科书第3页、第49页、第64页,结合自己在小学科学课和初二物理课已学过的有关知识展开讨论,然后教师再归纳出几个主要阶段的图片。这些资源就是将分布在不同地方的内容进行优化重组的结果。

2.预备和激活已有经验体系的资源

预备和激活已有经验体系的资源,顾名思义,就是用于调动学生已经掌握的旧知识,激发其原有的生活体验等的资源,包括学习档案袋、复习表、知识地图等,如表3-3所示的"文言知识积累卡片"。

表3-3 文言知识积累卡片

课文	《孙权劝学》	类别	文言特殊句式	编号	01
示例	1. 倒装句:"蒙辞以军中多务。"翻译时需注意调整语序为"蒙以军中多务辞" 2. 省略句:"结友而别。"翻译时需注意补充省略部分,可译为"(与蒙)结友而别"				

---

① 案例来源:重组教学内容 构建问题驱动——以"分子和原子"一堂公开课教学为例. 360个人图书馆(http://www.360doc.com/).

续表

课文	《孙权劝学》	类别	古代称谓语	编号	02
示例	1. 爱称："卿今当涂掌事。"卿：古代君对臣的爱称，有时也用于朋友、夫妇之间 2. 自称："孤岂欲卿治经为博士邪！"孤：古时王侯的自称，与此类似的还有寡人、朕 3. 昵称："非复吴下阿蒙！"阿蒙：阿，名词词头，此处表亲近意 4. 敬称："大兄何见事之晚乎！"大兄：长兄，对朋友辈的敬称				

课文	《孙权劝学》	类别	古代语气词	编号	03
示例					

课文	《孙权劝学》	类别	古今异义	编号	04
示例					

课文	《孙权劝学》	类别	一词多义	编号	05
示例					

课文	《孙权劝学》	类别	成语积累	编号	06
示例					

3. 辅助学生开展学习或评价任务的资源

辅助学生开展学习或评价任务的资源，就是对学生的学习起到支持作用的资源，包括所有有助于提高教学效果和学习成效的资源，比如进行探究的工具、展示自己的学习成果、拓展资料卡、评价量表，等等。它们可以调动学生的学习积极性，使之在学习中获得相应的支持，提高课堂教学效果，如表3-4展示的"讨论评价量化"。

表3-4 讨论评价量化

类别	3分 （高于标准）	1.5分 （达到标准）	1分 （接近标准）	0.5分 （低于标准）	得分
观点陈述	观点陈述清晰、有力，能够紧扣话题，代表陈述者的观点	观点陈述清晰，能够对应话题，基本代表陈述者的观点	有观点陈述，但不够清晰，不能代表陈述者的观点	没有观点陈述	

类别	3分 （高于标准）	1.5分 （达到标准）	1分 （接近标准）	0.5分 （低于标准）	得分
观点支持	有3项以上的依据（事实，统计数据、例子，现实生活体验）能够支持观点陈述。并已关注到受众的关切、偏见和争论，并至少提供1条对立的争论	有3项以上（事实、统计数据、例子、现实生活体验）支持观点的陈述	有2项依据（事实，统计数据、例子、现实生活体验）支持	有依据（事实、统计数据、例子、现实生活体验）	
语句结构	所有语句句法结构合理、完整，并且结构运用灵活	大部分语句句法结构合理、完整，文中有一些不同的句法结构	大部分语句句法结构完整，但结构单一	大部分语句结构不理想并且单一	
准确性	所有支持性的事实和统计数据报告准确无误	几乎所有的支持性事实和统计数据报告准确无误	大部分事实和统计数据报告准确无误	大部分支持性的事实和统计数据报告不准确	
过渡	能够熟练运用不同的过渡方法。能够清晰地展现观点之间的有机衔接	能够运用过渡方法使观点相互衔接，但变化不多	有些过渡方法用得较多，但有些观点之间的衔接模糊不清	观点之间的衔接过渡不清晰或者根本没有	

4. 指导学生精确掌握本单元学习历程的资源

指导学生精确掌握本单元学习历程的资源，就是用于帮助学生掌握相关学习内容的方法技巧或辅助工具，比如导学案、单元学习指导手册、学习策略、方法建议清单，等等。

Unit 5　What were you doing when the rainstorm came?

第一课时　Section A（1a - 2d）

【学习目标】

1. 会读背单词：rainstorm、alarm、go off、begin、heavily、suddenly、pick up、

strange。

2. 学习了解过去进行时的构成及用法。

3. 能正确地运用 when 与 at the time of 引导的时间状语从句简单描述过去发生的事。

4. 句型：—— What were you doing when the rainstorm came /at the time of the rainstorm? —— I was doing. . .

【预习与交流】

一、旧知回顾

翻译下列词组：

1. 和睦相处；关系良好_____
2. 经常吵架/打架_____

3. 笼罩_____
4. 拒绝做某事_____

5. 主动提出做某事_____
6. 感到孤独、焦虑_____

7. 以便_____
8. 一直_____

9. 使某事清楚易懂_____
10. 和某人交流_____

二、新知准备

阅读课本，写出下列词与短语：

1. 在公交车站_____
2. 等公共汽车_____

3. 在……的时候_____
4. 如此……以至于……_____

5. 看到……正在做……_____
6. 发出响声_____

7. 错过公共汽车_____
8. 接电话_____

【自学与合作】

1. 自主学习 1a～1c，并完成 1a。

2. 听听力，完成 1b 练习，教师核对答案；听 2a、2b 录音，完成听力练习。

【释疑与评价】

过去进行时

过去进行时由 "was/were + doing" 形式构成，表示在过去某一时刻或某一段时间正在进行的动作。这一特定的过去时刻除有上下文暗示意外，常与 at that time、this time yesterday、all the evening、from 8：00 to 10：00 yesterday、just then、at

110

nine yesterday、when 等具体的时间状语连用。

eg：They were having a meeting that time.

否定句：主语＋was/were not doing＋其他。

eg：They weren't having a meeting that time.

一般疑问句 was/were＋主语＋doing＋其他？

肯定回答：Yes，主语＋was/were. 否定回答：No，主语＋wasn't/weren't.

eg：Were they having a meeting that time? Yes，they were. /No，they weren't.

同步练习：

1．昨天这个时候我正在做作业。

I _____ _____ _____ _____ at this time yesterday.

2．昨天十点 Tom 在做什么？

What _____ Tom _____ at ten yesterday.

3．当电话铃响时，我正在吃晚饭。

I _____ _____ dinner when the phone rang.

二、重组资源，优化教学

教学资源，尤其是学习场提供的资源，都是基于教学内容精心挑选和设计的，但由于学生的不同、学习场的不同，这些资源的编排、设计或安排会存在这样或那样的问题，有的可能已明显落后于时代的发展，有的可能受学习场所在地域的限制而与学生的生活实际联系不够紧密，有的可能与学生的认知水平相差较大，导致学生难以理解……教师如果一味照本宣科，按教材既定的安排运用这些资源，则会使得课堂教学单调、空洞。

此时，教师就要基于学生的实际，基于学习场，对原有教学资源进行重组，或适当增减，或补充相关资料，或进行拓展延伸，以使学生获得比较充分的直观感受，进而增强其情感体验，提高其学习效率，让课堂充满生机与活力。

1．重组习（例）题，拓展思维

每一学科的每一本教材的每一个章节，或多或少都有例题或习题，这些题或习题，是编者针对教材的内容、课标的要求，并考虑到不同地方的文化、教育差异而精心编写的，具有极强的指导意义，但是在实际教学中，具体到某一个班级时，教师就要针对学生的实际情况，对其进行重组，以在辅助学生的学习、课堂教学中发挥巨大的作用。比如以下例题。

例题：如果一元二次方程 $2x^2 - 3x + c = 0$ 中的一个根为 1，那么另一个根为多少？

从题目可以了解到，1 是方程中的一个根，那么 1 就满足此方程。所以我们将 $x = 1$ 代入方程 $2x^2 - 3x + c = 0$ 中，可以得出 c 的值为 1。根据解方程公式可以求出此一元二次方程的解 $x = (3 + 1) / 4$ 或者为 $x = (3 - 1) / 4$，即 $x = 1$ 或者 $1/2$。

某教师针对本班学生的实际情况，为加深学生对知识点的理解，促进其基础能力的提高，使之能够正确运用知识来解题，提高其解题能力，于是对上述例题进行变式重组，以引导学生从更多的角度理解例题，提高解题思路。

例题 1：如果一元二次方程 $2x^2 - 3x + c = 0$ 中的一个根为 $1/2$，那么另一个根为多少？

例题 2：已知一元二次方程 $2x^2 - 3x + c = 0$ 中 c 的值为 1，那么一元二次方程的解为多少？

这样一来，学生的思维能力得到了训练，思维活跃起来，学会了发散思维，提高了随机应变的能力。

由案例可知，在大单元设计过程中，对于教材、教材中的插图、例题和习题等教学资源，基于大主题，进行科学合理的重组和优化，不但可以节省教学和学习的时间，而且可以极大限度地提升大单元设计的质量和学生的学习效果。具体来说，怎样重组呢？

首先要分析例题、习题的作用与搭配方式，分析例题、习题的类型和层次，挖掘其潜在价值与功能，提炼隐藏其中的学科思想方法与解题规律。

其次要在分析例题、习题时，了解各题的难易和繁简，依据教学要求和题目的不同特点，以及学生的接受能力等情况变换呈现形式，比如将原来要求笔答的改为口答、板演、提问，或将原来要口答的改为作业、课后思考等。

总之，在重组教材中的例题、习题时，教师用心、有心，大胆去创造，做教材的主人，方能使其发挥促进学生的成长，让学生获得更优发展的作用。

2. 重设教学情境，带来良好的学习体验

基于教学资源重组内容，还可以从教学情境出发，即突破教材本身所呈现的教学情境，创造更适合学生发展的内容，使学生学到更多的学科知识。教师必须认识到，一本教材无论多么好，都仅是众多教学资源中的一个，教师不能唯教材论，要用审视的目光去观察，灵活运用自身的智慧创造性地利用它，对其中提供的一些教学情境，进行深入挖掘和重组，进而让学生获得更好的学习体验。

下面这个案例中，教师进行的大单元设计，就是基于对教材提供情境的重组展开的。

某英语教师在教学五年级上册 Unit 5 There is a big bed 时，借助于重组情境，对 A 部分与 B 部分的对话和词汇课进行重组，让学生在新情境中学习。

Step 1：教师通过课件呈现一个大房子，并说明：This is Zhang Peng's home. Can you say something about this house? 在这一过程中，教师适当给出一些提示词，比如 big、beautiful、cool、wonderful 等，调动学生对张鹏家的整体感觉，使之准确进行表达。

Step 2：教师通过多媒体技术点击进入张鹏的家，呈现不同的房间，让学生回忆与房间相关的表达，并选择一个自己喜欢的房间进行整体描述，包括房间的颜色搭配、物品数量及陈设等。

Step 3：教师确定情境主线——Zhang Peng's home，基于主线进行分话题课时教学，对 A 部分 Let's talk 和 Let's learn 板块进行重组，使之作为第一课时，B 部分 Let's talk 作为第二课时，B 部分 Let's learn 作为第三课时，并做好相关记录以便于信息的保存和提取，如图 3-9 所示。

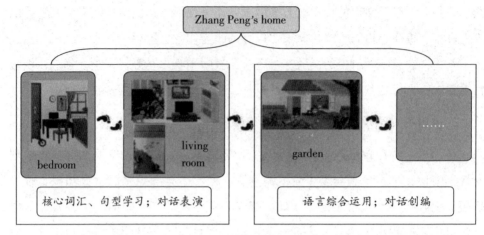

图3-9 A、B 两部分重组

Step 4：学生"移动"到各个房间进行语言知识的学习、教材对话文本的表演和新对话的创编。①

在这里，在多媒体技术资源的支持下，重组后的情境更贴近学生的生活实际，更能激活学生的思维，激发学生对英语学习的兴趣和热情，使之在这种特定的学习氛围中掌握相应知识的运用技能，体会到英语与生活的联系，体会到英语在生活中的价值。

重组情境时，教师要注意分析情境背后的知识，对不同情境中相同的知识或交叉涉及的知识进行重组，使之在同一情境或不同的情境中得以展现，增强情境的魅力和激趣、启智的作用。

当然，学生在学习新知之前，各自拥有的经验和生活实践不同，每个人的原有知识与所要学的新知之间的差距也不同。教师在重组情境时，就要基于学情，大胆地走出去，挖掘身边的素材，使之成为教学的有效途径，为大单元设计提供营养。

① 案例来源：徐联谊. 新课标理念下的教学资源整合与重组. 微信公众号：凌哥英语（LinglishABC）.

专题四
基于脉络重续的大单元设计

　　大单元设计的成功，与教师能够科学地确定主题，能够基于脉络重续进行教学设计密切相关。唯其如此，教学才能基于学生的能力延展学习，借助于问题载体让知识迁移，借助于活动载体让知识再生产，指向学生的高阶思维的培养。因此，围绕具体的脉络重续教学内容，不限于教材的课时界限，而要根据学生的学习能力开展延展学习，使知识与能力的学习在意义建构中得以再迁移和再生长。

主题 1

基于学生的学习能力延展学习

2022 年版新课程标准，全面落实新课标理念，教学从过去的重视"教师怎么教"转换为重视"学生怎么学"。在这样的教学理念的驱动下，大单元设计就要关注学生的学习能力的提升，并以学生的学习能力为脉络，进行延展学习设计。

一、正确理解学习能力

学习能力是指学生从事学习活动所需具备的心理特征，是学生顺利完成学习活动的各种能力的组合，包括感知观察能力、记忆能力、阅读能力、解决问题能力等。

1. 学习能力的内涵

学习能力是由"学习"和"能力"两个词构成的，顾名思义，就是怎样学习的能力，就是在环境和教育的影响下形成的、概括化了的经验。作为人的能力的一部分，直接决定了人在进行学习活动时的成效，决定了学习活动的成功概率。作为学生，成功完成学习目标所必需的个性心理特征，其内涵可以从以下两个角度理解。

首先，它是业已表现出来的实际学习能力和已经达到的某种熟练程度。比如一个学生是否具备写作能力，以及完成一篇短文写作所需要的时间。这种能力是极易了解和测验的。各学科进行的考试，就是针对这种学习能力进行的评估。

其次，它是指学生潜在的学习能力，也就是一种尚未表现出来的心理能量，是需要通过学习和训练发展起来成为实际学习能力和可能达到的某种熟练程度。

比如一个学生不会写作文，但在教师的引导和帮助，以及自己的不断阅读和学习下，掌握了写作的方法与技巧，那么此时这项能力虽然不一定能像实际学习能力那样轻松体现和测验出来，但也是实际存在，可以评估的。

在实际的学习中，学生的实际学习能力与潜在学习能力是密切融合在一起的，尤其是潜在学习能力，也称为潜能，是在遗传与成熟的基础上，通过学习训练可以转变成实际学习能力的，是实际学习能力形成的基础和条件。实际学习能力则是潜在学习能力的表现。

2. 学习能力的类型

学习能力包括基本学习能力和自主学习能力两种类型，前者是后者的发展基础，后者是在前者的基础上逐渐形成的。整体构成学习能力的模型如图 4-1 所示。

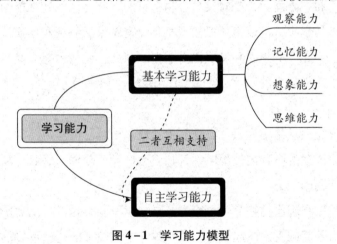

图 4-1 学习能力模型

（1）基本学习能力

基本学习能力包括记忆能力、思维能力、观察能力和想象能力。

记忆能力是把感知和经历过的事物信息贮存在大脑里，并随时可以再现其表现的能力，也就是通常所说的建立暂时神经联系的过程。记忆能力强的学生相比于记忆能力弱的学生，学习相同的知识，会效率更高、效果更好。当然，记忆能力的强弱存在个体差异，受遗传、个人情绪等诸多因素的影响，但后天的培养也会造成重要的影响，所以，对于教学而言，如何在学生良好的记忆效果的基础上帮助其提升记忆能力是一项重要的内容。

思维能力是整个智慧的核心、一种精神活动能力，它参与、支配着一切智力活动，是通过分析、综合、概括、抽象、比较、具体化和系统化等一系列过程，对感性材料进行加工并转化为理性认识来解决问题的能力，包括理解能力、分析能力、综合能力、比较能力、概括能力、抽象能力、推理能力、论证能力、判断能力等能力。学生的思维能力也有强弱之分，这就致使他们在学习上存在一定的差异。思维能力强的学生善于发现问题、提出问题、做出假设和解决问题，能对问题做出迅速而准确的判断，且在解决问题的过程中会随情境变化而灵活调整策略。思维能力弱的学生则与之相反。教学和学习的本质就是思维能力的培养和提升。在课堂教学中，教师要尽可能运用多种方法和途径培养和发掘学生的思维能力。

观察能力和想象能力，是对某种事物有目的、有计划的知觉能力。观察能力和想象能力强的学生，可以迅速抓住观察和研究对象的特征和本质，进而获得有价值的资料，为此后的学习和发展提供依据。因此，此两项能力经常是在与其他能力相结合中体现出来的。

（2）自主学习能力

自主学习能力是指学生通过自觉、主动地总结自己的学习活动，有效地组织利用影响学习活动的各种内外部因素，独立地选择、获取、吸收、加工知识信息和分析探索问题的能力。

作为一种更高层次的综合学习能力，自主学习能力是学习能力的核心，是在基本学习能力的基础上发展起来的。教育教学中，教师的一项重要的任务就是培养学生的自主学习能力，这就需要教师能更新教学理念，改进教学方法，积极开发教学技术，以促进学生的自主学习能力的提升。①

二、学习能力的发展阶段

学习能力不仅是学生关键的成长力，而且是未来人才的核心竞争力。一个人

---

① 詹建立，张秀英，王玉州. 中小学生学习能力的内涵及培养策略［J］. 喀什师范学院学报,2015，36（3）:84－86.

的学习能力在学习过程中会由低到高经历如下四个阶段。

1. 从蒙昧到一点即通

蒙昧阶段，学生处于学习某项知识最初的状态，这是一种完全未知的状态，也就是蒙昧状态。这时，学生因为不懂而要学习。此时的学习动力产生于走出蒙昧状态的需要。学习动力的驱动程度决定了学生坚持的时间，而学习效果则受学习能力左右。此时，合理的刺激对于学生的学习动力的保持影响巨大。神经生物学的相关研究表明，即使因为受到外界刺激，个体产生了神经冲动，但是要发生反射还必须有神经冲动对应的受体。

这就提示教育工作者，在教学过程中要允许和尊重学生的蒙昧状态和生命存在，即不能因为学生不懂、不会而责备他们。尤其是在学生经过很长一段时间的学习，甚至同一问题多次讲解之后学生依然不会的时候，不可以对其加以责备，说出"我讲了多少遍了你还不会""你可真够笨的"诸如此类的话语，而是要转变思维或思路，调整教学方法，给予学生科学的引导，使之从蒙昧阶段进入一点即通阶段。

学生经过一段时间的学习和积累后，比如经过教师或同学的指教、讲解或点拨之后，就能理解并掌握相应的学习内容，此时，学生处于一点即通阶段。不过，这是一种点就通、不点就不通的状态，也就是通常所说的"死读书"。这时，教师就要掌握"点"的方法和技巧了。

教师要对学生进行深入的观察，确定学生是喜欢先教后学，还是喜欢做中学、玩中学，甚至创中学；是喜欢听中学，还是读中学，甚至讨论中学。在明确学生的学习特点后，教师在因人、因地、因时、因事而异地给予巧妙的"点"的时候，还要注意，有的学生可能"点"几下就通了，有的学生要"点"很多下才通，应给予学生足够的耐心。经历了"点"后，学生的学习能力才能进入更高的层次。

2. 从一点即通到触类旁通

当学生处于一点即通阶段时，教师给予的"点"格外重要。倘若教师能给予及时的点、恰到好处的点、科学的点，因人点拨，那么学生就会在一段时间后顺利进入触类旁通阶段。

触类旁通阶段，学生掌握了一些相关的知识或规律，形成了前期的实践经验和思维方法，当他们再去学习类似的内容时，一般就可以较顺利或轻松地掌握新的学习内容。在这一过程中，"触类"是"旁通"的前提条件，而教师在教学中要做的就是尽可能地为学生提供经历、体验、观察、探索、辨析、反思、接触的机会，使之接触"类"，并注意激发其学习兴趣，使之在"触类"的过程中交流、互动，形成迁移能力。

3. 从触类旁通到无师自通

迁移就是把已经获得的知识、技能甚至方法、态度用于学习新知识、新技能。迁移的发生前提是新旧知识、技能之间具有共性，这就要求教师在教学中，能为学生创设真实情境，使之在其中学习和成长，进而在触类旁通阶段学以致用，进入无师自通阶段。

无师自通阶段，学生无须经过教师或他人的传授、指点或帮助，就能自行理解、掌握、通晓某种知识、技能或规律。具备无师自通能力的人，不但要具有过人的天赋或超高的智商，而且要经过后天的努力学习。这一点，脑科学研究的结果也可以证明。

脑科学相关研究结果表明，无师自通是一种自我获取知识的潜能，其发挥需要特定条件，一是学习者悟性强；二是学习者自我学习能力强，二者缺一不可。这样的人一般是新知识、新技术或新经验的创造者。他们为后来者的学习提供了条件，而学习也为那些天赋极强的人提供了更多无师自通的机会。

4. 从无师自通到融会贯通

当学生进入无师自通阶段后，他们就能举一而三反，闻一而知十，开始进入融会贯通阶段。融会贯通是学习的最高境界，也就是可以将多方面的知识和道理融合领会，进而达到全面而透彻的理解和体悟的状态。进入融会贯通阶段，体现为学生可以运用其所学知识更好地生活，解决不同真实情境中的实际问题，且是综合性的问题。

大单元教学可以引导学生进入融会贯通阶段，尤其是跨学科的大单元教学，因其打破学科学习的壁垒，将不同学科的知识融合在一起，让学生在大单元、大主题、大概念的学习中，将其所学的不同知识或文化构成一个互联互通的生态体系，组成一个整体，从而使学生的学习能力得以逐渐培养和发展起来。当然，这样的学习状态需要教师有开阔的视野、开明的思想、开合的姿态和融通的思维。①

三、把握步骤，重续脉络

学习能力的发展阶段提示我们，指向学生高阶思维培养的大单元设计，要把握学习能力培养的关键，遵循相应的步骤，借助教学整合，重续知识脉络，促进学生学习能力的提升。

1. 明确培养目标

基于脉胳重续的大单元设计，是一种整合式教学，教师首先要理解单元目标，并将提高学生的学习能力作为核心，并基于此从系统的角度看待单元目标，进而为学生学习能力的提升做铺垫。

下述案例是"My home"这一主题的英语大单元设计的教学目标，从中可以看出指向学生学习能力的教学目标包括学习目标和学习能力目标。

一、语言能力

1. 能感知 bedroom 等关于房间和 fridge 等关于家具和家居的单词及简单句的读音，听懂"Where is/are…"，并做出正确的回答。

2. 能识别关于房间和家具家居的图片或单词，围绕"My home"这一主题，运用所学语言进行简单的交流。

3. 能根据图片或语境，仿写简单的句子。

二、文化意识

1. 在生活中能主动与他人交流，能感受到家的温馨，热爱家人。

2. 学会归纳整理收拾物品，养成良好的生活习惯。

三、思维品质

---

① 李文送. 学习力的五个层次［N］. 教育导报，2021－09－07（导报三版）.

1. 能根据图片及关键词归纳语篇的重要信息，形成自己的观点。

2. 学会预测，初步树立问题意识。

四、学习能力

1. 积极参与课堂活动，乐于学习，善于模仿。

2. 学会合作，勇敢分享。①

上述案例中，学习目标是让学生在完成课时学习后，能识记相应的单词，掌握相应的句型；学习能力目标是学生在学习的过程中被激发求知欲望，喜欢上英语学习，并能够在学习的过程中树立自信心，从而提高英语学习水平，其中涉及记忆、表达、信息提取、预测等学习能力。

如何基于学生的学习能力延展学习，设计出指向学习能力培养的目标呢？先来看一个案例。

一、单元分析

本单元为综合性学习单元，主题为"难忘小学生活"。

教材围绕主题"难忘小学生活"，编排了"回忆往事"和"依依惜别"两个活动板块，以任务驱动的方式带动整个单元的学习。每个板块都编排了"活动建议"和"阅读材料"，其中，"活动建议"是综合性学习的主体，提供了具体的活动任务、活动内容和活动方式；"阅读材料"属于综合性学习的活动资源参考，可以根据活动的需要选择使用这些材料。

本单元的第一项活动是"运用学过的方法整理资料"，通过"填写时间轴""分享难忘回忆"活动指导学生按照时间顺序、有重点地回忆往事，帮助学生在实践中进行操作练习，发展学生整理资料与使用资料的能力。本单元的第二项活动是"策划简单的校园活动，学写策划书"。

二、课标要求

1. 有较强的独立识字能力，有良好的书写习惯。

---

① 案例来源：学习目标. 大单元教学. 百度文库（https://wenku.baidu.com/）.

2. 阅读简单的非连续性文本，能从图文等组合材料中找出有价值的信息。

3. 运用学过的方法整理材料。

4. 策划简单的校园活动，如毕业联欢会，学写策划书。

5. 设计并制作成长纪念册。

三、学情分析

这个单元与学生的生活联系紧密，学生即将告别学习生活了6年的小学校园，开始新的学习生活。6年来，学生从天真烂漫的儿童成长为意气风发的少年，这既是学生自己努力的结果，也凝聚着学校教师的心血。开展一系列有意义的语文活动，依托语文学习，让学生在珍藏记忆、表达情感、祝福未来的同时，梳理或令人激动、喜悦，或令人伤心、遗憾的事，使得本单元学习时光成为他们人生道路上永远难忘的岁月。

四、教学目标

1. 围绕单元及板块主题，与同学交流、协商，制订阶段活动计划。

2. 收集和筛选反映小学生活的资料，填写时间轴，与同学分享难忘的回忆。

3. 自主整理成长资料，设计制作成长纪念册。

4. 策划毕业联欢会，编写策划书。

5. 与人合作，筹备并举办毕业联欢会，表达对师友、母校的惜别之情。

6. 用书信等形式表达情感，与人交流。①

上述案例是以"难忘小学生活"为主题的六年级语文大单元设计的教学目标确定部分。从上述案例中可以看到，目标的确定经历了四个环节。

1.分析单元主题，确定指向的课标　→　2.分解课程标准，初步确定学习结果　→　3.分析教材，调整学习目标　→　4.分析学情，确定学习目标

---

① 案例来源：新课标理念下的大单元教学设计案例. 绿色作文网（http://www. 0279. net/w/a71a1e5d03dd. html）.

这四个环节各有其侧重点。

（1）分析单元主题环节，侧重于主题的提取

这是大单元教学的第一步，也是关键的一步。在这一环节中，要提取主题，首先要明确单元课程的核心内容和知识点，在此基础上才能选择贯穿单元课程的主题，且主题要紧扣课程，体现生动、新颖、实用的特点，且尽量贴近学生的生活，激发学生的学习兴趣。其次要明确本单元涉及的课程标准内容，可以在课程标准中检索与本单元相关联的课程内容，根据需要选取合适的课程内容，分析选取的课程内容涉及的重要概念，解读概念之间的联系，找到概念与概念之间的串联线索。最后要结合学科核心素养的培养要求，从知识、能力、思维、态度等各个角度全方面分析，抓住课程内容中体现的关键概念。

（2）分析课程标准环节，侧重于学习的结果

这一环节的分析，要参考六要素、核心素养分项特征、学段内容、内容要求、学业质量标准中的一个或多个维度进行综合分析。就英语学科而言，义务教育阶段的六要素包括主题、语篇、语言知识、文化知识、语言技能和学习策略。在核心素养的相应要求中寻找这六要素，确定不同学段的特征描述，继而依据所属学段找到学段目标和学业质量要求，在综合分析的基础上初步确定学习目标。

（3）分析教材环节，侧重于对学习结果进行调整

首先要分析教材的结构，明确本单元教学内容在整个学段或者本教材中的地位和作用，以建立教学内容的结构体系；继而厘清知识体系的脉络，找到串联知识的线索，确定知识线索对于学习结果的指向，对于单元主题的体现。比如围绕着主题，选取了多少篇章或小节，涉及多少知识点，知识点的学习分别可以让学生获得怎样的能力。

（4）分析学情环节，侧重于学习目标与学生的"最近发展区"、现有的知识与能力的相符性

其中包括对学生的知识基础进行分析，对学生的认知（心理）特点进行分析，对学生的生活经验进行分析，等等。

1. 知识基础："Where is/are…？""Is she/he…？""Are they…？"以及肯定、

否定回答是本单元的核心句型。学生已在三年级下册"U2 My family"学过一般疑问句"Is she/he/you…"的问句和答语，在三年级下册"U4 Where is my car?"学过寻找物体的句型"Where is…？""Is it in…？"为本单元的学习做了知识铺垫。"Where are…？""Are they…？"是本单元的新句型，需要在语境中加强练习，使学生能熟练回答。

2. 认知（心理）特点：四年级学生喜欢游戏、竞赛等活动，乐于通过看图、联系生活实际发现身边的变化，并能根据提供的图片，结合实际进行问答。找出物体所在的位置。四年级学生已具备合作学习能力，能利用书籍、网络等搜集有关资源，并乐于与同学分享资源。

3. 生活经验：学生对"My home"这一话题不陌生，对家庭各个居室和物品名称比较熟悉，但是部分学生没能养成整理归纳物品的好习惯。

需要注意的是，确定学习能力目标的过程中，教师还需要培养学生形成相应的学习态度，以及在课堂学习中敢于提出问题，独立思考解决问题等的学习能力，并在明确的重点及难点中采取合适的措施促进学生理解学科知识，加强其对学科知识的掌握，提高其学习能力。

2. 确定学习起点

开展大单元整体教学，必须确定学生的学习起点，如此才能加强大单元整体教学的效果，达到提升学生学习能力的目的。如何确定学生的学习起点呢？

（1）课前调查

课前调查是指在上课前运用访谈、问卷调查、布置前置作业等形式，了解学生已掌握的知识，帮助学生建立新旧知识之间的联系，找准学习起点。如果采用布置前置作业的形式，就要注意前置作业并非预习作业，不涉及单元学习内容，只是引导学生感知单元主题。

下面展示的是统编版高中语文教材必修上册第一单元的前置作业的内容。

1. 我们经常说"青春如诗"，这体现了青春的什么特点？

2. 你读过几首毛泽东同志的诗词？请写下印象最深刻的句子。

3. 你读过描写青春的现代诗吗？请说出你最喜欢的一首青春主题现代诗。

4. 你听说过"诗化小说"吗？请根据自己的理解说一说这类小说的特点。①

从上述内容中可以看到，通过学生对问题的回答，教师可以了解哪些是学生自己独立学习的知识，哪些是学生感到困惑的问题，进而了解学生的能力差异。如此一来，教师在教学中就会注意不重复讲学生已经清楚的知识，重点研究、讨论解决学生较模糊、有争议的认识和未知的内容，从而达到提升学生的学习能力的目的。

（2）导入环节

要找到学生的学习起点，教师还可以根据平时的观察和思考，在授课伊始创设情境，了解学生的"最近发展区"，找准学生的学习起点。比如，在导入环节开门见山式地提问："你们对这个知识了解多少？""你们听说过这个内容吗？"运用尝试的方式练习："你们能解答这些题目吗？""你们能用自己的方法解决这个问题吗？"采用情境创设的方式等。

（3）课堂教学

教师工作的特殊性，决定了课前调查不可能每节课都进行，因此，教师不妨利用课堂教学来寻找学生的学习起点。教师可以依据学生的年龄特点，采用不同的方法，比如尝试练习、课堂谈话、活动寻找等。

学生具有特别强的好胜心，总希望自己比别人强，自己比别人知道得多。教师可以利用学生的这一心理特点，在课堂上设计一些和新知有关的尝试练习。一旦学生发现这些题教师没有教过，为了显示自己的知识丰富，就会倾其所有，从自己的知识储备中千方百计挑出相应的知识进行解题。教师就可根据学生的反馈情况来确定学生的知识基础，从而选择相应的学习起点。

---

① 案例来源：教法 | 基于学习者视角开展高中语文"大单元教学". 360 个人图书馆（http://www.360doc.com/）.

专题四 基于脉络重续的大单元设计

某教师在数学"两位数减两位数（退位）"的教学中，设计了两个比较的教学环节，旨在让学生通过尝试练习发现笔算减法的计算方法，弄清前后知识的区别和联系。

第一个环节：把"50 – 26"与"58 – 26"进行比较，比较这两道题在计算上有什么不同的地方。学生在小组、班级内相互交流的基础上得出一个个位够减、一个个位不够减，发现退位减和不退位减的区别。

第二个环节：把"50 – 26"与"52 – 26"进行比较，比较这两道题在计算上有什么相同的地方。学生经过思考发现，同是退位减，可一个是 10 去减，另一个要把 10 与 2 合起来后再减，从个位上 0 减一个数不够减的特殊情况迁移到个位上不够减的一般情况。

上述案例中，这位教师设计的两次尝试练习比较，不但充分调动了学生原有的知识经验，而且检验了学生获得新知的能力。

在课堂教学中，教师采用"先听后讲"的教学方法，借助学生的回答可以了解学生是否已经具备进行新的学习所必须掌握的知识和技能，是否已经掌握或部分掌握了教学目标中要求学会的知识和技能，没有掌握的是哪些部分，有多少学生掌握了，掌握的程度如何……

教师可借助课堂活动，让学生动手操作，从学生的活动中发现其内部的思维活动，进而观察和确定学生的知识基础、学习起点。

3.分析学习路径

在下述案例中，这位教师教学的前提就是确定了学生的学习起点，分析学生的学习路径。

某教师在教学小学数学五年级下册"分数的意义"前，在备课过程中做了如下分析。

1. 学生在三年级时对分数已经有了初步的认识，本课的主要目的是巩固三年级的知识，并让学生了解分数所代表的不同含义。

2. 本单元的学习能力目标是以讨论、交流等形式让学生展开学习，培养学生的合作探究能力。

基于以上分析，这位教师选择了如下教学策略，让学生在掌握基础知识的同时，其学习能力也能够得到提升，准备一个物体并将物体分为四份，并向学生提出问题："你可以用你身边的物体创造出物体的1/4吗？"对于教师提出的问题，学生利用自己身边的物品进行实践操作，教师继而引导学生在学习小组中展开讨论，鼓励他们说出自己的想法，于是学生在讨论的过程中感受到合作学习的重要性，提高了合作学习能力。

究竟何为学习路径？

学习路径，顾名思义，就是学习的路径，即学习的轨迹，指在特定的学习环境下，学习者按照自己的思维方式，为达到学习目的在学习过程中形成的体现个体学习特点的路径。作为一种过程的描述，学习路径具有两个特点：一是顺序性，即学习路径体现了完成各项学习任务的顺序，是完成这些任务的过程体现；二是变化性，学习路径不是固定不变的，它可以由学习者依据自身的思维特点进行调整，可以由教师依据教学需求和学生的思维特点进行调整。

构成学生的学习路径包括三个方面，分别是学生已有知识和经验、学生的思维过程和学生对知识的表征方式。它们从不同的角度为学生提供明确的学习路径，让学生明晰自身的思维过程，使学习目标更明确，步骤更清晰，学习效率更高；指导教师进行教学，在教学中起到辅助作用，使教师基于学习的目标、内容、学习活动等制定相应的教学策略。

基于脉络重续的大单元教学，要促进学生的学习能力延展，就要在确定学生的学习起点后，结合教学内容，从上述三个方面，分析学生的学习路径，为其学习给予科学的引导打下基础。

（1）分析已有知识和经验

学生已有的知识经验是学生一切学习活动的起点和基础，对其加以分析，可以让教学效果更好（见表4-1）。

专题四 基于脉络重续的大单元设计

表 4-1 "角的度量"学生学习路径与教师教学路径分析

学生已有的知识和经验	教师的教学路径分析
情形一：在角的两条边上分别任取一点，两点连线，通过测量该线段的长度来判断角度的大小	这类学生暴露出了原有知识中的错误，没有认识到"角的大小与边长无关"——这正是学生学习新知识前需要厘清的错误概念
情形二：利用之前学过的角的分类，利用"钝角>直角>锐角"这一知识进行模糊的大小比较	这类学生对角的大小的认识是正确的，而且能用直角作为一个比较对象，描述该角比直角小，但到底多大还不够精确
情形三：利用直角三角板的特殊角，重叠进行比较	这类学生想到三角板上特殊度数的角，指出比60°大，比90°小，描述得更为精确了
情形四：在直角的基础上，将直角平均分成三份、九份等形式，再用重叠的方式进行大小比较	这类学生想到直角为90°，细分之后就能找到30°、10°，这样用小单位去度量就能准确描述角的大小，这时再引出量角器的原理可谓水到渠成

上表所示是"角的度量"一节，学生的学习路径和教师的教学路径的分析。由此可见，不同的学生在利用已有的知识和经验解决同样的问题时，路径不同，但结果都指向真正理解这一学习目标。而这正是分析学生学习起点的重要性的体现。

（2）分析思维过程

学生的不同的思维过程，体现了学生的不同的思维水平。一般来说，学生的思维过程分为层级式、并行式和互补式三种思维模式。

层级式思维模式，就是学生在学习思维过程中表现出的具有一定层次的不同的思维水平，这些层次之间是逐层深入递进，由低到高、由简单到复杂、由具体到抽象的。在教学中，针对这种思维模式，教师要分析、梳理学生在学习过程中的思维顺序，引导学生经历知识形成、发展的过程，通过去伪存真，由低到高，由具体到抽象，最终促使学生形成完善的认知结构。

并行式思维模式，是指学生在学习过程中其思维水平是并行的，表现为对于同一个问题，虽然采用的是不同的解决方法与策略，但它们之间不存在递进关系。在教学中，针对这种思维模式，教师要积极鼓励学生用自己喜欢和擅长的方式去解决问题，引导学生理解和欣赏他人的解法，同时也从不同角度验证自己的解法是否正确，给予不同学生的思维的个性化和多样化以尊重。

互补式思维模式，是指学生个体的思维之间是一种相互补充的关系，彼此之间相互独立又缺一不可，共同构成对同一个问题的完整理解。这种思维模式多体现在需要分类、分情况讨论的问题中。在教学中，针对这样的思维模式，教师要引导学生具体问题具体分析，能根据情况的不同、问题类型的不同选择不同的解决方法。

（3）分析对知识的表征方式

学生对知识的表征方式的不同，反映出其认知水平的差异。因此，分析学生对知识的表征方式，也是分析学生学习路径的一个重要的角度。不管学生是喜欢用文字表述，还是喜欢用表格或公式表述，只要最终能得出正确的结果，那就代表学习路径是正确的，都反映其认知形成过程。在教学中，教师要基于教学目标和学习能力的培养目标，对学生的表征方式给予更多的包容和接纳，要对其在解决问题过程中表现出来的不同的表征方式予以认可和鼓励。

4.设计任务培养能力

学生的学习活动实质上是"尝试错误""解决认知冲突"的知识建构的过程。教师的教学活动则是带领学生"由表及里""去伪存真"的过程。在大单元教学设计中，教师要基于对学生学习路径的分析，建立起学习路径与教学路径之间的联系，基于学生的学习能力的培养目标设计相应的任务，提升大单元教学的有效性。教师可以根据教学路径的呈现方式，设计相应的大单元学习任务。

（1）基于思维模式设计任务

下述案例是高中物理"圆周运动"的核心任务和四个子任务，是围绕学生的思维模式设计的。

专题四 基于脉络重续的大单元设计

核心任务：车辆转弯时，为什么容易出现溜车事故？

子任务1：如何描述车轮转动的快慢？

子任务2：为什么摩托车进行飞车表演时，能在空中做圆周运动而不下落？

子任务3：探究自行车转弯时的加速度。

子任务4：分析汽车转弯时溜车的原因。①

学生的思维模式不同，教学路径设计的策略也就不同，这就需要教师根据学生不同的思维模式，采取不同的教学路径呈现方式，设计相应的任务。

如果学生的思维模式是层级式的，教学路径的呈现方式往往需要先呈现较低层次的学习路径，然后一步一步由浅入深、由低到高、由简单到复杂，让学生了解每一层级思维的合理之处和不合理之处，从而引发学生进一步的思考，帮助学生逐步完善自己的认知过程。

如果学生的思维模式是并行式或互补式的，那么教师在整个教学过程中就起到促进作用，引导学生学会互相欣赏、互相启发，帮助学生在保留自己的想法的同时，学会接受和理解别人的想法，促进其思维的发展，为之后的"解决问题"做铺垫。

总之，核心素养下的教学要求让学生经历知识形成和发展的过程，教师在设计大单元学习任务时，要充分基于对学生学习路径的分析，梳理出教学路径的呈现顺序或讨论提问的顺序、处理每种思维的重点详略、再次归类的方式等。

（2）基于认知经验和思维困惑设计任务

学生真正成为学习的主人，不再简单地被动接受学习，也不再被教师"牵着鼻子走"，而是在学习任务引导下，主动积极地学习与探究。教师要培养学生的学习能力，还可以基于学生的认知经验或围绕其思维困惑设计任务，实施大单元教学。

---

① 案例来源：田成良. 如何进行大单元情境与任务设计，实现思维的深度进阶？微信公众号：现代与经典（xdyjd2015）.

教学整合与大单元设计

任务活动一：浏览单元课文，结合篇章和习作内容，明确单元学习的主题——父母之爱，表达父母之爱。

任务活动二：围绕主题，交流和思考怎样学习本单元的课文，安排学习过程，确定评价方式，等等。

任务活动三：根据习作要求，设计本次习作的过程，确定交流的形式，等等。①

上述案例是语文五年级上册第六单元的大单元教学中，基于学生的知识经验，围绕主题"父母之爱"编排课文和习作，设计的活动任务，引导学生结合自身阅读经验和生活实际，参与活动设计。

核心任务："我笔绘我心"班级童话大王评选（第二期）——看图写故事。

子任务一：走近想象的世界。

子任务二：探秘故事中的想象。

子任务三：创编想象的故事。②

上述案例是小学语文二年级下册第四单元的大单元教学的任务设计。这一任务群的设计是将单元课文的阅读和交流，与学生日常生活中天马行空的想象经历相联结，使学生认识到生活中随时随地都可以运用想象，从而引导学生大胆想象，在心中创造出奇妙的世界，并在阅读和交流中丰富语言和语言经验积累，提升语言表达能力和想象能力。

---

① 案例来源：朱林辉. 基于大单元教学理念的任务型学习活动设计［J］. 求知导刊, 2021 (13);10－11.

② 案例来源：李竹平. 学习任务怎样设计？看看这个大单元教学案例的梳理，就觉得简单了. 360 个人图书馆（http://www.360doc.com/）.

主题 2

借助问题载体让知识再迁移

思维是课堂教学中教师和学生的主要活动，而问题是思维的导火线。指向学生高阶思维能力培养的大单元教学设计，要借助问题载体，于知识脉络重续中进行教学整合，有效地启发学生的思维，促成知识的再迁移，进而在学习活动中引发学生的认知冲突，促使其积极主动地进行思维活动。

一、认清问题的价值

提问是教学中至关重要的一环，可以促进学生的思维发展和知识掌握，促进教师教学质量的提高。要提问就需要有问题，因此，从这个角度而言，问题在大单元教学中具有重要的价值。

1. 提高思维能力，丰富教学内容

大单元教学中提出的具有针对性的问题，可以激发学生的思维，引导学生探询问题的本质和解决方法，在构建知识结构的同时提高学生的思维能力。同时，好的问题可以提升教学内容的多样性，拓宽学生学习知识的途径，增强其学习兴趣和主动性，引导学生对已经学过的知识进行进一步思考或对新的知识进行发掘和探究，从而更全面地掌握知识，起到丰富教学内容的作用。

2. 激发学习兴趣，提高教学质量

大单元教学中，教师借助好的问题，激发学生的好奇心和探究欲望，激发学生的学习兴趣，引导学生积极思考并寻找答案，改变其被动学习的状态；促使学生思考和探索，帮助自己更好地观察、了解学生的学习状况。同时，教师用不同的方式呈现的问题，还可以帮助其了解学生对知识的掌握程度，及时调整教学策

略，进而提高教学质量。

二、辨析问题的类型

《现代汉语词典》对问题的解释有"要求回答或说明的题目""须要研究讨论并加以解决的矛盾、疑难"等。由此可见，问题并非学生能立刻作答的，而是旨在引发学生深入摸索、合作探究、交流互动的。在大单元教学中，问题不仅是贯穿教学的重要脉络，还切实引导学生思维活动的方向，培养学生良好的思维品质、学习习惯和学习能力，可以有效地促进学生核心素养发展。具体来说，大单元设计中的问题包括如下几种类型。

1. 核心问题

核心问题是相对于教学中那些过多、过浅、过滥的提问而言的，是指在教学中能起主导作用，能引导学生积极摸索、讨论、明白的问题，可以对课堂教学起到"牵一发而动全身"作用的问题。

在下述案例中，针对"欧姆定律是反映电流、电压、电阻三者之间的关系的规律"这个教学难点，教师创设情境，让学生在教学难点处发现问题，并以此为基础经过分析转化为核心问题。这个处理，不但激发了学生的学习兴趣，突破了教学难点，而且提高了教学效率。

某物理教师在进行"欧姆定律"的大单元设计时，这样确立核心问题。

【创设情境】演示分别用一节和两节干电池给同一个灯泡供电，请学生观察，然后用两节干电池给不同的两个灯泡供电。在此基础上，教师提出问题：通过观察到的现象，你们有什么发现？

【提出核心问题】学生发现：当给同一盏灯供电时，电压越高，灯越亮，说明电流越大；当用同一电压给不同的灯供电时，亮度不同，即电流不同，说明电流大小还与灯丝的电阻有关。于是学生提出如下核心问题："通过电阻的电流与电阻两端的电压、电阻之间存在什么关系？"

由上述案例可见，核心问题是课堂教学中的统领性问题，最能集中体现以学科知识为基础、学生疑难为起点、教学意图为导向的三位一体取向。它是对课堂有牵引力与支撑力的问题；是针对概念的本质内涵提出的，旨在引导学生探究知识，旨在给予处于认知困惑的学生以方法的指导和思路的点拨，有利于学生摸索与揭示事物本质的问题。这样的问题既有启发性，能满足教学需求，使学生能更好地明白和把握新知、获得学习体会和方法，又能促成课堂思维活动和互动活动的生成。

2. 驱动性问题

驱动性问题是大单元设计任务开展的"一把钥匙"，是一个能够联结学习目标和项目过程的问题，可以激发学生探究知识的需求以及寻找解决方案的需求，也可以激发学生讨论、询问和调查这个话题并最终生成针对该问题的完整解决方案。

某教师在进行语文四年级下册"手"的大单元教学时，设计了"话说我们的手"这一项目式学习活动。其启动阶段设计如下。

活动一：激发兴趣，了解主题

1. 采用头脑风暴法：听到"手"这个词，你首先想到了什么？（板书，分别从特点、用途、意义等方面分类）。

2. 问题的导入：人人都有一双手，我们的手可以帮助我们做很多事情。那么，对于我们的双手，同学们了解多少呢？提出驱动性问题：每个人都有一双灵巧的手，你了解自己的手吗？

3. 浏览第四单元的课文，了解"手"与这一单元的课文内在的联系，唤起学生课内外了解手的愿望。

活动二：讨论交流，明确任务

当我们走进"手的世界"后，怎样才能把我们的学习成果和大家交流分享呢？学生通过讨论明确了学习目的，最终我们可以形成"话说我们的手"的专题片，供大家学习交流。

活动三：思维导图，确定方向

带领学生以思维导图的方式整理出探索方向，指导学生分组和撰写项目计划书。

可以探索的方面：手的结构、手的功能、手的用途、手与健康、手的成语。①

上述案例属于大单元设计中的项目化学习。案例中学生的活动是围绕"每个人都有一双灵巧的手，你了解自己的手吗？"这一问题展开的。这一问题驱动着学生展开活动，积极探究，使学生在生活化、情境化的问题中展开讨论，结合生活实际，解决实际问题。

由此可知，驱动性问题是整个教学过程的主线，也是项目化学习过程的核心，是培养学生创新思维的重要支架，是体现以学生为主体的教学的重要特征。

3. 问题串

大单元设计中，除了核心问题、驱动性问题，还有以核心问题为中心、预设整节课主干问题形成的问题串。问题串是教学整合的重要脉络、重要载体，使得一节课的主干问题成为一个整体，使得教学在一条明确的主线的指引下展开，使得提问因为预设充分而具有较好的启发性、目的性，使得学生的思维得到锻炼，使得生成因为预设而更有价值。

问题1：长方形有什么特点呢？正方形呢？

问题2：小狗需要多长的围栏，求围栏的长度也就是求什么？

问题3：能用你学过的知识试着列出算式并算一算围栏的长度吗？

问题4：大家想出了三种计算长方形周长的方法，比较一下，哪种方法最简捷？

问题5：正方形的周长你能算吗？请同学们自己独立思考，列式并算出正方形的周长，比一比谁的方法最简捷。②

上述案例是某教师设计的"长方形与正方形的周长"整合教学的问题。这

---

① 案例来源：小学语文项目式学习中驱动性问题的设计与实施. 百度文库（https://wenku.baidu.com/）.

② 案例来源：大单元视角下——巧设问题链，促课堂提问有实效——万全教育集团数学学科教学研讨活动. 搜狐新闻（http://news.sohu.com/a/542453245_121123791）.

些问题在内容上环环相扣，形成一条有序的问题链，在目标上步步深入，引导学生进行思维的定向互动，连接了教与学的通道。这样组成的问题就是问题串，也称问题链。

问题串不仅能从宏观角度构建整个大单元、大主题、大情境的教学，还能从微观角度助力课堂教学的某个环节教学任务的完成或者突破课堂教学中的重难点，因此是培育高阶思维、发展核心素养的有效途径。在问题链的引领下，思维能够"合纵连横"，思维层次能够由低阶向高阶稳步发展，学科核心素养得以提升。

三、科学设计问题

大单元设计要进行教学整合，离不开问题这一载体。借助不同的问题形式，知识得以迁移，教学内容可以重组，大单元设计得以完成。因此，科学设计相应的问题，是进行教学整合的"一把钥匙"，也是促成大单元设计的重要方法。

1. 把握关键点，设计核心问题

核心问题是教学整合的重要脉络，设计巧妙而科学的核心问题，需要教师深入了解学生，从整体上把握教学目标和教学内容，明确学生需要掌握的知识和培养的能力，把握关键点，科学设计，促成教学整合下的大单元设计的完成。

（1）关联处

要借助核心问题进行教学整合，进行大单元设计，就要在分析教材内容，把握其逻辑结构的过程中，确立核心问题。

某教师在进行"圆柱"这一大单元整合教学设计时，围绕"圆柱的体积"确立了如下核心问题：（1）圆柱的体积如何算？（2）圆柱的体积为什么这样计算？（3）它俩有什么联系与区别？

在进行"小数的除法"这一大单元整合教学设计时，紧扣"除数是小数的除法"这一知识确立了3个核心问题让学生摸索：（1）除数是小数的除法如何转化成除数是整数的除法？（2）小数点该如何移动，如此移动的依据是什么？（3）小数点的移动，以什么为标准？什么缘故？

教学整合与大单元设计

在教学整合的过程中，教师要认识到，对于每一节课而言，其内容往往是相对独立的，只有将其放在整个知识体系中才能看到知识的前后关联。因此，教师要准确把握知识结构和其内部关联性，并依据这些关联性设计核心问题，使之统领教学，激活学生的思维，引导学生牢固地把握知识脉络，合理地构建知识结构，在大单元学习中不断提高运用知识解决实际问题的能力。

（2）迁移处

为了有效地传授人类积累的知识，教学采用了分科的方式。这种教学方式导致知识点被人为分割，因此，学生接收到的是知识信息的分散，以致无法综合运用所学的知识，根据需要解决问题。学科教学中利用好问题脉络，注意在知识的迁移处进行整合，促成大单元设计的完成。

1. 讲述例题

问题：水果糖每千克4.2元，3千克多少元？0.3千克多少元？

学生列式：4.2×3　　4.2×0.3

师：这两题的积是几？请各小组讨论，并把你们是怎么想的以算式的形式表示出来。

2. 小组研究，教师巡视指导

师："4.2×3"这道题你们是怎么计算的？

（各小组汇报讨论结果）

生1：我们组是这样想的。"4.2×3"就是三个4.2连加，就是4.2＋4.2＋4.2＝12.6元。

师：你们利用了连加的方法。

生2：我们把4.2元化成42角，42×3＝126角，126角＝12.6元。

师：你们利用了把元化成角的方法，还有不同方法吗？

生3：我们组把4.2×10＝42，42×3＝126，再用126÷10＝12.6元。

师：为什么除以10？

生3：因为因数一共扩大了10倍，要使积不变就要除以10。

师（小结）：你们用了很多办法解决了"4.2×3"，有些同学将小数4.2看成整数来计算，也能算出积，非常好！"4.2×0.3"呢？

生汇报（略）。

师：我们都是按照整数乘法的方法计算的，再点上小数点。

在上述案例中，教师创设了一个买水果糖的生活实际情境，将教材中的有关教学内容整合在这个情境中。利用核心问题和迁移的思想，在做小数乘法时，按照整数乘法的方法先算出积，然后再根据积不变的规律，在积里点上小数点，即在知识的迁移点帮助学生建立起新旧知识之间的联系，于是学生就能形成"因数中一共有几位小数，积中就有几位小数"的认知。这样一来，就将"小数乘以整数""整数乘以小数""小数乘以小数"的教学内容在知识迁移点进行了整合，新旧知识间得以迁移。

需要注意的是，在迁移处确立核心问题，需要教师改变原有的思维方式，以一种强调方法和活动之间的内在迁移的"类比方法"思维方式进行教学，引导学生接受思维的挑战，培养其类比式迁移的学习能力。

（3）重点、难点处

只有抓住问题的重点，解决主要矛盾，掌握重点知识，才能以点带面，解决其他问题。大单元教学中的核心问题的设计也是如此。因此，教师在设计核心问题时，要从本班学生的实际学习情形出发，根据课程标准的要求，合理地确定教学重点和难点，并于重点、难点处确立本节课教学的"核心问题"，以引发学生的深层次思考。

某教师在进行初中物理"密度"的大单元教学时，这样提出并确立核心问题。

创设情境：将大小不同的铁块或铝块，分别放于天平的两端，可以观察到放有体积大的铁块或铝块的一端下沉；将体积和外形相同而材料不同的物块放在天平的两端，天平不平衡。

提出核心问题：通过观察到的现象，你能提出什么问题？在教师的启发和引导下，学生发现物质的质量 m 和体积 V 之间可能存在一定的关系。在此基础上，教师启发学生提出本节课的核心问题："物质的质量 m 和体积 V 之间可能存在什么关系？"

上述案例中，教师针对密度是在学生学习了"质量"的基础上，对物质的物理属性的进一步理解。密度的概念及相关知识是学生今后学习液体内部压强、大气压强、阿基米德原理和物体浮沉条件的必要基础，是初中物理教学的重点知识。确定了本节课的重点：通过实验理解密度的概念并尝试用密度解决简单问题。接着，针对密度是反映物体的质量与体积之间的关系物理量，核心问题在建立密度概念之前确立并提出，不仅能突出教学重点，而且因其具有的开放性而不会限定学生的思路，可以促进学生主动思考和探索，从而有利于其对物质的质量与体积之间可能存在的关系提出多种猜想和假设。

2. 厘清关系，确定驱动性问题

大单元教学强调教学整合，驱动性问题在教学整合中可以发挥相当重要的作用。教师要让以学习任务群的形式出现的驱动性问题，在教学整体中发挥作用，引导学生形成整体性思维，促进核心素养的培养目标落地。

统编版语文教材五年级上册第三单元的人文主题是"民间故事"，语文要素是"了解课文内容，创造性地复述故事"和"提取主要信息，缩写故事"。于是某位教师设计了围绕"讲不厌的民间故事"这一主题活动，设计了不同类型的驱动性问题。

1. 产品创制的驱动性问题：经典永流传，你读了哪些民间故事？哪些人物给你留下了深刻的印象？请你给他们制作合适的人物印象贴吧！

2. 角色代入的驱动性问题：讲好民间故事，做好民间故事传承人！年级开展故事会，你会讲哪个故事？怎么讲好民间故事？

3. 问题导向的驱动性问题

（1）借助目录读故事，你发现民间故事有哪些特点？请用表格梳理要点。

（2）民间故事是穿越千年的精彩，以不同的形式走进了我们的生活，展现着文化的魅力，散发着智慧的光芒。哪些民间故事被改编成了其他形式的作品？请分类搜集资料。①

上述案例中的驱动性问题，以产品创制、角色代入、问题导向为指引，密切联系知识和生活，使得单元教学内容在连贯性和一致性的任务中形成整合，在保证学科核心内容基础上以足够的开放性，引导学生整合知识，提高其整合知识的能力，彰显了单元的育人价值。

运用驱动性问题进行教学整合，进行大单元设计时，要怎样做呢？前提是要厘清任务群中大任务和小任务的关系。

（1）大任务和小任务之间存在关联性

大单元教学中的任务群，实际上就是一个具体的目标任务分解成几个具有一定层次性、逻辑性的小任务。这个具体的目标任务就是大任务，是"典型且有意义的"学习任务，是大单元整体学习的核心任务。而由这一核心任务分解成的诸多有层次、逻辑关联的系列学习任务，就是小任务，这些小任务之间在主题、目标、内容、学习方式等方面存在关联性。

（2）大任务和小任务存在包容从属的关系

大单元教学中的大任务以目标为导向，统领着所有的小任务；小任务从属于大任务，具有针对性和连续性，且每个小任务借助大任务创设的情境、表达的主题和构成的内容，彼此之间发生内在的逻辑关联，即小任务之间形成递进关系，于是学生在循序渐进地完成小任务的过程中经历持续探究的过程，并最终完成大任务，实现单元整体的学习目标。

总之，大单元教学中，大任务与小任务紧密关联、有机统整，共同构成学习任务群，将知识结构化，引导学生在问题解决的实践中提升能力、发展素养。这是大单元教学中以驱动性问题为脉络实现教学整合的关键。只有明确了大小任务之间的关系，才能设计出科学的驱动性问题，促成教学内容的整合。

---

① 案例来源：夏绮云.大单元教学中驱动性问题的设计［N］.中国教师报,2023-01-18 (7).

3. 让问题串起教学内容

要完成教学整合，教师还可以基于每节课教学的内容提出许多小的问题，使之形成问题串，进而串起教学内容，完成教学整合。

某教师对统编版高中历史教材《中外历史纲要（上）》第五单元进行教学整合，实施大单元设计。他将这一单元的教学主题确定为两个，并分两课时去组织教学。

第 1 课时的教学主题是"从不平等条约体系看中国近代社会的被动转型"，第 2 课时的教学主题是"从近代各阶级、阶层的救亡图存实践看中国近代社会的主动转型"。每个主题之下用问题链形成小主题，从而将整个内容整合起来。

以下是第 1 课时"近代半殖民地化程度进一步加深"小主题的问题链。

问题 1：比较《天津条约》《北京条约》等不平等条约与《南京条约》的内容，请提取任意一点信息进行历史叙事。

问题 2：读图叙史是一项重要的历史学科能力，请就"近代通商口岸分布示意图"（见上课 PPT）中地名出现的先后顺序及分布情况说说自己的认识。

问题 3：通过比较《天津条约》《北京条约》与《南京条约》及附件的内容，你会得出什么样的结论？

这个问题链，用几个小问题将《天津条约》《北京条约》等不平等条约与《南京条约》及附件的内容整合起来，使之深刻认识到此时中国社会的性质已进一步发生了变化，近代半殖民地化程度进一步加深，而这一变化是在西方列强的冲击下被动发生的，从而实现对小主题的理解。①

用问题链作为教学整合的脉络时，要注意认真研究课程标准，分析教材，紧扣教学内容的逻辑性，依据教材内容，设计出直指关键的核心问题，并将其分解为彼此联系的小问题。

---

① 案例来源：王乐平.例谈高中历史大单元教学视角下的问题链设计策略［J］.中学历史教学,2022(12):36-38.

主题 3

借助活动载体让知识再生产

　　大单元设计离不开教学活动，因此，教学活动可以作为教学整合的载体。教师要在认真研究课程标准、学科核心素养和教材的基础上，巧妙地设计学生活动，使之促成教学整合，达到让知识再生产的目的。

一、课堂活动的意义

　　2022 年版新课程标准，基于核心素养的培养，提出"做中学""创中学"等新的教学理念，这就使得课堂活动成为指向核心素养的大单元教学的重要内容。
　　要进行大单元设计，首先要明确课堂活动的意义。

1. 利于发挥学生的主体作用

　　课堂活动，顾名思义，就是教师为实现或创造课堂学习条件而设计或部署的活动。它让教学中学生的主体作用得以发挥，能促使学生主动参与教学，使之带着个人发展的需求、强烈的求知欲、浓厚的兴趣、高昂的积极性、饱满的热情参与学习。

2. 利于激发兴趣，培养个性

　　现代教育家认为，优秀的学生不仅成绩优异，而且有个性。课堂教学中新颖、有趣的活动，利于激发学生学习的兴趣，调动其学习积极性，启发其思维，使其主动地获取知识、提高课堂教学效果。同时，有效课堂活动还利于培养和发展学生的个性。

3. 利于掌握学习方法，增强学习信心

　　课堂活动过程中，学生主动参与课堂教学，并在这一特殊的思维活动中主动

思考，严格要求自己，经历诸如困惑、焦虑、喜悦、激动等学习情感，在获取知识和经验的同时，提高了思维能力，发展了兴趣爱好，养成了良好的思考习惯、科学的学习态度，掌握了良好的学习方法。同时，在课堂活动过程中，不同层次的学生都能用已知的经验和知识去学习新的知识，从而增强其学习信心。

二、课堂活动的类型

有些课堂活动用来激发学生的体验式学习，有些用来促进学生的概念性思维发展，而有些则用来鼓励学生开展分析性的讨论。

1. 主动型活动

主动型活动，是指在课堂教学活动过程中，学生处于主体地位，表现出主动参与、主动实践、主动思考、主动探索、主动创造的基本特征，并在活动中得到全面发展。这样的课堂活动具有自主性、开放式和创造性的特点。

1. 教师提问：氯气与水有无反应？如果有反应，能够得出结论——氯气能够溶于水。

2. 教师指出：我们暂时假设氯气与水的混合物叫氯水。此刻利用现有试剂"镁条、$NaHCO_3$、$AgNO$、HNO_3、红纸、pH 试纸、蓝色石蕊试纸、氯水"，经过实验验证你们自己的推测。

3. 学生 4 人一组相互合作设计实验推测成分，并独自经过实验来验证。然后将实验过程记录在"学生实验报告"上，填写资料包括"实验资料、观察到的现象、分析和解释"三部分。最终由学生发言，得出结论：氯气与水有反应，并且产生了 Cl^- 和 H^+；有个别组的学生提出氯水还可能具有漂白性，因为紫色石蕊试纸先变红，后褪色。

4. 教师将红纸打湿一小部分后放入氯气中，证明了氯气是与水发生了反应，并且氯水具有漂白性，再结合前面的结论，总结出氯水还具有酸性。

上述案例中，学生基于教师提出的问题，在实验中探究，找到问题的答案。在这样的活动中，学生获得了最大限度的思考空间，并且还在主动实验操作中进行观察和总结、分析和讨论，活动表现出极强的主动性，因此称为主动型活动。这类课堂活动一般包括模拟、游戏、解决问题的练习等。

2. 被动型活动

我们来看一个案例。

某教师在教学冀教版数学四年级下册的时候，优化改变了教材内容的例题，将"用字母表示数"和"用字母表示数量关系"这两个知识点进行了教学整合，进行了大单元教学。

1. 扑克牌导入

在这一环节，教师用扑克牌这一道具，引导学生初步认识字母可以表示数，使原本高度抽象的字母变得具体且富有情趣，并介绍用字母表示数的数学史，自然引入数学中的字母，极大地激发了学生的学习兴趣。

2. 自主探究，获取新知

探究活动一：（1）猜一猜：猜瓶子里黄豆的数量；（2）猜年龄：老师今年几岁了？完成表格。

师：有什么好办法，能记住老师的年龄呢？

生回答后，师引导讨论：a 的取值范围。

探究活动二：数青蛙：1 只青蛙 1 张嘴，2 只眼睛 4 条腿；2 只青蛙 2 张嘴，4 只眼睛 8 条腿；3 只青蛙 3 张嘴，6 只眼睛 12 条腿……

师生探究，教师及时向学生介绍数与字母相乘的简便写法。通过青蛙趣谈，学生"意犹未尽，乐此不疲"，既深化、巩固了新知，也再一次地对"用字母表示数"和"用字母表示数量关系"进行了整合教学。

在这一教学整合的活动中，教师设计的活动是引导学生探究、推算，使之展开想象的翅膀，回忆过去、展望未来。如此一来，通过这样的教学内容安排，实现了对"用字母表示数"和"用字母表示数量关系"这两个知识点的整合。活动中现实场景的创设，营造出了学生对新知识的探究兴趣，活跃了课堂气氛，激发了学生学习数学的主动性。①

———————————

① 案例来源：百度文库：https(//wenku.baidu.com/).

上述案例中的活动，是在教师的引导下进行的，是在教师的讲解下，学生进行的学习和探究，体现出极强的被动性，因此称为被动型活动。这类课堂活动又称教学活动，包括演讲、观看视频或演示以及阅读等。

中山市将面向全体中小学生开展"正是青春，不可辜负"的线上主题演讲活动，此时你报名参与此次活动，请你自由选择演讲的场合、演讲的受众和演讲的内容，写一篇演讲稿，并进行演讲的训练，最后录制一段你满意的演讲视频，上传到"凤凰花开"公众号，平台工作人员会进行审核，对优秀的视频进行评奖。①

在上述案例的课堂活动中，学生要想录制演讲视频参与演讲活动，势必先学会演讲稿的撰写；而要掌握演讲稿的撰写，又必定要阅读多篇演讲稿，从中掌握演讲稿的特征。因此，教师要带动他们目标明确地、系统地阅读本单元的课文。这一活动就属于被动型活动，是基于情境任务的带动展开的。当然，在活动过程中，明确了做什么、怎么做，最终进行成果展示，于是学习过程也就化被动为主动，得以发挥其主体作用。

3. 协作型活动

下述案例是一节英语综合实践课，从案例的内容中可以看到，学生通过小组合作完成 10 个小任务，从而学习了关于水果和蔬菜名称的词汇和可数名词的复数形式，得以正确地区分可数名词和不可数名词。

Step 1：从导入开始，利用图片进行头脑风暴，教师同时在黑板上板书，简笔画与单词相结合。

Step 2：用金蛋的图案呈现出 10 个小组，让学生的目光锁定在金蛋上，吸引学生们的注意力。然后进一步解密小组活动任务。

Step 3：10 个不同的小组活动任务，教师用信封装好，让每个小组的组长来抽取自己小组的任务。给学生 2 分钟的时间做准备。然后按照从 1 到 10 的顺序

---

① 案例来源：陈安梅. 基于思维导图的大单元主题阅读教学探析——以统编教材八年级下册第四单元为例［J］. 中小学教育，2023（1）.

进行小组汇报。

Step 4：在小组汇报的过程中，对学生的回答时时进行评价。10 个不同的任务，体现出学生们听、说、读、写、画、演、唱的能力。有调查，更有汇报。层层递进，10 个任务最后组成一个任务群。特别是看视频，学会小组评价。教师设计评价表，让学生自己进行评价，然后教师对如何评价进行指导。

Step 5：教师的"水果蔬菜屋"，为学生打开了思想的大门，让学生领略了绿色的世界。

切水果游戏：fruit，strawberry、apple、lemon、pineapple、pear、orange、cherry、banana

Step 6：利用图片的直观性，让学生根据实际情况进行对话练习（半开放的试题）。①

上述案例中的课堂活动体现了学生作为学习的主体，在教师给予的引导和启发下积极参与教学的思考中，形成生生、师生密切配合的活动状态，最终实现教与学的共振。这样的课堂活动就是协作型活动。

由此可知，协作型活动，就是学生以小组或小队的形式，根据各人所长，分工合作，共同完成一项或多项学习任务的活动，包括扮演、讨论、互动等活动。

三、活动促成大单元整合设计的完成

下述案例是某教师设计的统编版语文教材二年级上册第四单元的大单元教学活动。

【任务一】我的旅行路线

活动 1：景点我知道

学生借助中国地图，通过读一读、找一找、认一认等方法，大致了解鹳雀楼、庐山瀑布、黄山、台湾日月潭、新疆吐鲁番葡萄沟等景点的地理位置，认读

---

① 案例来源：李继伟. 大单元整体教学，落实英语学习活动观！微信公众号：明师俱乐部（imingshiclub）.

并识记与这些风景相关的生字词语。

活动2：我们出发了

创设生活情境，学生选择火车、飞机等各种交通方式前往各景点，在生活中学习语文；通过多种方式的朗读，读好文中的长句子，把课文读流利。

活动3：画画旅行路线图

学生规划自己的旅行路线图，在地图上画出路线并标出目的地的名称。

【任务二】边走边欣赏

活动1：诗句中的风景

学生通过读诗句、想画面、画画面、说画面等方法描绘诗中景色，绘制自己的景点手绘图，积累描写风景的诗句和词语。

活动2：黄山奇石摄影展

学生以课文为例，感悟黄山奇石的生动有趣，体会语言表达的趣味性、多样性，学着用比喻词介绍自己观察到的黄山奇石。

活动3：日月潭游览图

学生根据日月潭的景色画出游览图，通过"当回小导游"进行角色扮演，说清"日月潭"名字的由来，表达出不同时间、不同天气日月潭景色的变化。

活动4：逛一逛葡萄沟

学生绘制"炫彩葡萄园"和"葡萄干制作示意图"，学习文中介绍葡萄的方法，介绍杏子、香梨、蜜桃、沙果等葡萄沟出产的其他水果。

【任务三】请到我的家乡来

学生先阅读"画家乡"，初步感受家乡的可爱；再运用积累的词语介绍家乡的风景名胜；最后在网上写留言条，邀请人们来家乡游玩。

上述案例针对这一单元收录了《古诗二首》《黄山奇石》《日月潭》《葡萄沟》四篇课文，以及"我爱阅读"中的《画家乡》，进行大单元教学。从上述案例中可以看到，围绕设定的单元目标，教师从学生的生活经验出发，基于几个真实的情境，设计了与单元学习内容相关的复杂活动，这些活动围绕着3个任务展开，各项活动互为关联，成为贯穿整个单元的线索，促成教学整合的完成。

由此可知，借助活动这一线索，大单元教学及其目标在学生协作思考讨论、合作完成、展示分享、评价反思单元任务的过程中，在学生或主动或被动的学习过程中，完成了知识的再生产，达成教学目标和学科核心素养的培养目标。那么，如何在大单元设计中设计并发挥活动对于教学整合的作用呢？

1. 把握明确的教学目标

要让活动成为教学整合的脉络，促成大单元设计的完成，首先就要明确大单元的教学目标。唯有如此，活动才有着力点，才能做到有的放矢。

如下述案例中的"美丽中国行"系列活动，就是围绕下面的目标设计的。

1. 在"美丽中国行"的真实学习情境中认识65个生字，读准3个多音字，会写38个生字，会写37个词语；能联系生活经验和上下文，了解词语的意思。

2. 学习课文时能展开想象，用自己的话说说语句中描述的画面；阅读时关注自己的感受，提取相关信息并说出理由。

3. 在"我的旅行手账"专题性学习中积累并运用描写风景的词句，学习语言表达。

4. 在邀请人们到家乡游玩等生活情境中学写留言条。

5. 正确、流利地朗读课文，尝试抓住关键词语、构词、构段等形式特点背诵课文，表达对祖国壮丽山河、家乡美丽景色的热爱和赞美之情。

2. 选择并创设相应的情境

活动要成为促成大单元设计中的教学整合的脉络，必须注意其发生的情境要与相应的单元学习内容相符，与学生的生活经验相符。为此，教师要在明确单元教学目标，分析单元学习内容、核心素养的培养目标的前提下，遵循真实性和结构性的原则，选择和创设相应的情境，并以这一情境中将不同的活动组织起来，共同服务于大单元设计。

某高中语文教师就必修1的两首关于劳动的古诗实施大单元整合教学时，为了引导学生更加深入地理解劳动的感受与意义——劳动的辛劳与欢乐，创设"春节大扫除"情境，认为这一情境贴近学生既有经验，学生相对熟悉，可以激发其学习兴趣及参与热情。但在实际教学中发现，学生对于这样的情境并没感觉。原来，在现实生活中，春节大扫除往往与学生无关，他们很少有类似的体验，因此这一情境是无效的。

一位教师针对"学写新闻评论"单元教学目标，创设了一个贴近现实生活的"23岁的单亲妈妈带着孩子送外卖"情境。由于贴近学生现实生活，成功地激发了学生的讨论热情。学生在这一情境中深入思考劳动的意义与价值，加深了对劳动的认知，培养并形成了正确的价值观、必备的品格和关键能力。

上述案例提醒我们，基于教学整合选择并设计活动时，在情境的选择上要"以学生为中心"，要真正站在学生的角度和立场，要真正走进学生的真实生活，正确理解和认识学生的心理特点、认知水平、情感体验、思维水平等，做好课前学情分析，充分考虑学生的主体地位，如此才能让真实而有意义的情境串起活动，发挥教学整合的作用。

3. 围绕任务组织不同的活动

要让活动促成教学整合，实现大单元设计，还要注意设计具有针对性的任务，让不同的活动围绕任务展开，进而发挥脉络作用。这里的任务，指的是与学生生活经验相关联的真实任务，在这些任务的基础上，才能展开大单元下的项目式、问题式的活动，促成深度学习的发生。

下述案例是某地理教师围绕"全球气候变化"这一主题，将"全球气候变化的概念和趋势""气候变化的原因：自然因素和人为因素""气候变化的影响：对环境和人类社会的影响"三个学习内容整合在一起，进行大单元设计时制作的学习任务单。

1. 学习并描述全球气候变化的概念和趋势。

2. 分析气候变化的原因：自然因素和人为因素，并进行总结和概括。

3. 探讨气候变化的影响：对环境和人类社会的影响，并进行详细分析和描述。

4.讨论全球气候变化的解决方案：减少温室气体排放、提高能源效率、发展可再生能源等，并提出自己的观点和建议。

5.结合实际情况，分析自己所在地区的气候变化情况和应对措施，并提出具体的建议和意见。

6.通过实践操作，如减少能源消耗、垃圾分类等，了解环境保护的重要性，并提出具体的行动计划和措施。

7.针对本课程所学内容，提出自己的思考和疑问，并在课堂上与教师和其他同学进行交流和讨论。

从上述任务单中可以看到，借助学生的不同类型的活动，如被动型活动——教师讲解，学生倾听并思考；主动型活动和协作型活动——小组讨论、案例分析、实践操作，将上述三个内容的相关知识加以学习，并形成能力。

4.基于任务选择相应的活动类型

在设计好相应的任务后，要促成教学整合，使大单元设计落地，还要注意基于任务选择相应的活动类型。这时，教师就要从学科的特点和教学内容出发，合理选择和设计活动。一般来说，可以针对不同的学习内容选择如下几类活动。

（1）原理或现象类活动

如果学习任务是物理、化学、生物等学科的原理或现象，那么可以选择实验活动，让学生在动手操作中进行实验。针对实验活动，教师要考虑实验的目的，怎样设计实验变量，运用哪些实验方法和实验材料，如何操作，最后的实验数据如何分析，如何促使学生得出实验结论。学生在实验的过程中会综合学习与运用相应的知识，进而在探究中获得结论，同时，达到大单元学习目的，促成知识的获得和能力的提升。

（2）事件类活动

如果学习任务是历史、政治等学科的事件，那么可以采用小组讨论、案例分析等形式，甚至可以采用角色扮演的形式，比如让学生扮演一名历史学家，对一个历史事件的原因和影响进行分析。学生在这样的活动中，不但要了解历史事件的背景，包括事件发生的时间、地点、相关人物、社会背景、政治背景等多个方面，还要分析事件发生的原因，包括事件发生的直接原因、根本原因、促使事件发生的因素等。考虑历史事件的多个方面，包括经济、政治、社会、文化等多个方面，分析事件的影响，即对当时的社会、政治、经济、文化等多个方面的影响，以及对后来的历史发展的影响，在此过程中还要比较和分析其他学者的观点，最后总结分析，得出结论。在这样的活动过程中，学生将不同的知识与材料整合起来，达到教学整合的目的，完成大单元教学。

（3）文学分析类活动

如果学习任务是分析一篇文学作品，包括作品的主题、人物和语言特点，那么可以采用小组讨论的活动形式，也可以采用项目化活动的形式，由教师分组或学生自由组建小组，针对特定问题进行讨论，表达自己的想法和意见，并在小组内达成共识。在这一过程中，学生首先要通读每一篇作品，了解情节和人物，从而找出作品的主题，在这一过程中还要考虑作品的背景、时代、社会环境等因素，分析作者想要表达的意图；接着，学生要分析不同作品中的角色的语言、行为和心理活动，了解角色的性格、情感和动机，还要结合角色所处的社会背景、时代背景和个人经历等因素分析影响，分析作品中的语言特点和整体风格，了解作者的写作风格、表达方式、语言特点。在这样的对比分析的基础上，学生能找到不同作品之间的相似之处和不同之处。在这一过程中，大单元下的不同篇章就得以巧妙地整合起来。

（4）地理探索类活动

如果学习任务是地理学科的某些地区的地理特征和自然资源的学习，那么可以采用调查研究的活动方式。学生在"确定研究区域的位置和范围—收集地理数据—分析地理数据—整理和研究结果"的过程中，将不同地区的特点综合起来，把碎片化的知识形成整体，完成了知识的建构的同时，教学整合得以实现，大单元设计得以完成。

专题五

基于结构重组的大单元设计

　　大单元设计，还可以基于结构重建进行。在这种结构的单元整体设计中，单元是指学习单元，即以学生为核心，以其知识背景为基础，以学科核心素养及其进阶发展为目标，在细化课程标准的基础上，系统分析课程内容所承载的学生素养发展价值和社会应用价值，并根据学生的实际情况，将教学内容整合为具有一定主题的、结构化的学习单元。

主题 1

单元内重建

所谓单元内重建，就是在教材编写单元内，以课标为依据，紧扣核心素养的培养，参考并利用多个版本的教材，按学科大主题、大专题或大概念等对同一单元的不同小节或不同篇章进行重建，从而完成大单元设计。

一、确定单元核心价值

所谓单元核心价值，是基于大主题、大专题或大概念确定的单元的学习价值。从单元内重建的角度进行大单元设计，首先就要聚焦单元核心价值。可以说，这是课程走向大单元设计的前提。

本单元是小说单元，涉及"少年成长"这一话题，从少年的视角观察世间百态，学习本单元，可以加深对社会和人生的理解，确立自我意识，更好地成长。学习本单元，要学会梳理小说情节，试着从不同角度分析人物形象，并结合自己的生活体验，理解小说的主题。

上述内容是部编版初中语文九年级上册第四单元的大单元设计的单元教材主题内容与价值作用，也是这一单元的核心价值。那么，单元核心价值是如何确定的呢？它需要教师在明确学科性质的基础上，深入理解和分析课程标准，透彻研究教材，把握核心概念或主题。

1. 研究课标

核心价值的基本特点是最基本的、恒定的。这种基本特点在课程标准中有着明确的解说和体现。因此，要确定单元核心价值就离不开对课标的研究。

首先，教师要研究课标中的"课程目标"，把握总目标和学段要求，并结合学情，深入理解不同学段目标的具体落脚处，明确基本内容以及对基本知识、基本能力的要求；其次，要研究课标中的课程内容，了解不同学段的学习内容；最后，要研究课标中的"课程内容"，清楚内容板块，以及不同学段的学业目标和评价标准，把握课程内容的结构化特点，并在知识结构中重新认识和定位知识点的意义与价值，以便在学生的主动活动中体现知识点的教育价值。

1. 能用普通话正确、流利、有感情地朗读。

2. 养成良好的阅读习惯，有一定的阅读速度，阅读一般的现代文每分钟不少于 500 字。

3. 能较熟练地运用略读和浏览的方法，扩大阅读范围，扩宽自己的视野。

4. 在通读课文的基础上，厘清思路，理解主要内容，体味和推敲重要词句在语言环境中的意义和作用。

5. 对课文的内容和表达有自己的心得，能提出自己的看法和疑问，并能运用合作的方式，共同探讨疑难问题。

6. 在阅读中了解叙述、描写、说明、议论、抒情等表达方式。

7. 能够区分写实作品和虚构作品，了解诗歌、散文、小说、戏剧等文学体裁。

8. 欣赏文学作品，能有自己的情感体验，初步领悟作品的内涵，从中获得对自然、社会、人生的有益启示；对作品的思想感情倾向，能联系文化背景作出自己的评价；对作品中感人的情境和形象，能说出自己的体验；品味作品中富于表现力的语言。

上述案例是某教师在对部编版初中语文九年级上册第四单元进行大单元设计、研究课标时整理出来的与之相关的内容。从内容中可以看到，新课标对小说教学提出了新的要求，即要增强学生的阅读、分析、理解能力，发展学生的思维能力，提升学生的文学修养和语文素养。这些为确定单元核心价值提供了重要的依据。

2. 研究教材

在对课标进行深入研究的基础上，教师还要对教材进行分解和研究。下述案例是某教师在对部编版初中语文九年级上册第四单元进行大单元设计时对教材的研究。

本单元所选小说均是现代名家名作，或言及与少年好友的深厚情谊，如《故乡》；或从少年视角观察世间百态，如《我的叔叔于勒》；或涉及少年成长的话题，如《孤独之旅》。文中的少年主人公，都在感受到人间的冷暖和世态的炎凉，遭遇过生活的磨难后，懂得了友情和亲情的可贵，在猝不及防的风雨中逐渐成长。

学习这个单元，可从少年视角进入文本，抓住"对比"这一贯穿于本单元三篇小说中的重要因素来组织教学，梳理小说情节，分析人物形象，品味小说语言，进而理解小说主题。

本单元"写作"的主题是"学习缩写"，旨在引导学生了解缩写，认识缩写，学会缩写，提高写作能力。

本单元"综合性学习"的主题是"走进小说天地"，旨在引导学生开辟新的学习渠道，激发其阅读兴趣，拓宽其阅读视野，鼓励其阅读想象，张扬其阅读个性，陶冶其高尚情操。

从上述案例中可以看到，对教材的研究，要注意从以下三个角度入手。

（1）编排特点

教材的编写都是按照单元进行的，每一个单元都有一个主题，比如数学学科的教材是按知识点进行编排的，语文学科的教材是按主题进行编排的；不同的单元体现出不同的内容主题，例如有的围绕祖国河山编排，有的围绕生活中的哲理编排；等等。只有弄清楚一个单元的内容是按什么核心编排的，才能为厘清知识结构打下基础。

（2）知识结构

整理知识结构就是对教材的知识点进行整理。一是要厘清学科教学内容整体的知识结构和内容间的逻辑关系；二是要把相应的教学内容放到知识的结构链中去理解；三是要理解整个单元的知识点，特别是要详细地知道每节课的知识点，在教学中做到不遗漏、不添加。

（3）重点和难点

单元重点是贯穿全单元的主干知识、技能与方法，所以，当知识结构梳理出来后，重点就清晰地展现出来了。一般来说，如果知识点是某单元或某内容的核心，是后继学习的基石或有广泛应用等，那么它就是教学重点。重点确定后，难点就比较容易提炼了，难点就是学生在理解上容易出现困难或困惑之处。确定了单元的重、难点后，再将其落实到每节内容、每一课时，就会有更加具体的重、难点要求。

教师要挖掘教材中对学生有价值的、可以促进学生发展的内容，挖掘可以引起学生持续探究、持续学习的内容，将其确定为教学的重点。而那些学生依靠自身所掌握的知识和经验，以现有的知识结构和能力无法理解的知识、无法掌握的技能以及难以理解的情感态度就是教学的难点。

二、梳理单元知识逻辑

单元是在核心概念（主题、要素）的统领下，把一组原本离散的教学内容有机组合在一起的相对完整的学习单位。因此，要实现单元内重建，就要在研究课标和教材后梳理单元知识逻辑，明确核心概念或确定单元主题。

1.分析知识联系

大单元教学离不开大概念或大主题，这是落实核心素养的重要抓手，也是学科知识与学科核心素养之间的桥梁。抓住大概念，提炼出大主题，有助于实现内容、过程和价值的统一。而要抓住大概念，提炼出大主题，首先要分析教材中单元内容的知识联系。

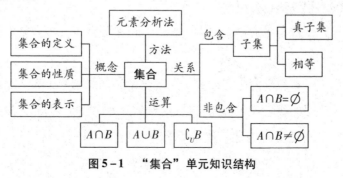

图 5-1 "集合"单元知识结构

图5-1所示是高中数学"集合"单元的知识结构，从中可以看到，这一单元的学习内容包括元素与集合之间的关系，描述法表示集合；集合之间的包含与相等关系；并集、交集、补集的含义，利用集合语言表示关系和运算。

2. 提取大概念或大主题

明确了知识联系，接下来就可以利用知识之间的联系，提取大概念或大主题。

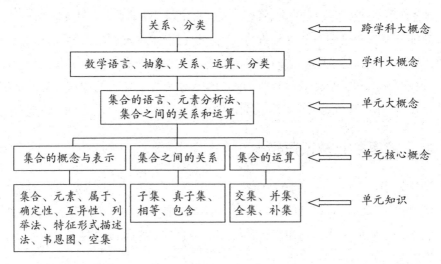

图5-2 "集合"单元中的大概念

从图5-2中可以看到，集合的概念、集合的语言、集合的研究方法都是"集合"单元中的大概念。而这些大概念的提取是基于上面对单元知识内容的分析获得的，是在明确单元知识间的关系的基础上提取的。而大概念或大主题一旦确定，单元的知识逻辑也得以厘清。

综上所述，提取单元大概念或大主题，可以采用以下几种策略。

（1）任务核心寻找法

大概念居于学科教学的中心位置，体现出学科的结构和本质。据此，单元内容或系列知识学习的核心任务可能就是这个单元的大概念。因此，教师在确定大概念时，可以采用任务分解法，厘清单元各部分学习任务，找到它们共同的核心，以此确定大概念，并使之成为学习清晰明确的线索。

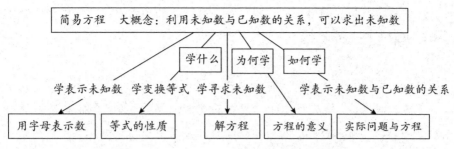

图5-3 "简易方程"单元大概念提取线索 ①

图5-3所示是数学五年级上册"简易方程"单元教学的大概念提取线索。从图中可以看到，这一单元包含"用字母表示数""等式的性质""解方程""方程的意义""实际问题与方程"5个内容。这5个内容共同体现了方程是未知数与已知数建立起来的等式关系。因此"利用未知数与已知数的关系，可以求出未知数的结果"就是其大概念，它将相关的5个内容联结在一起，使学生明白了"学什么""为何学""如何学"等方程问题。

（2）知识本源追溯法

知识的产生都有一定的背景，因此，追溯知识的本源成为提取单元大概念的一个重要方法。

某教师在教学"小数的初步认识"这一单元时，根据小数的产生源于计量的需要，同时在具体的计量过程中，它仿照整数的规则，分一作十，相邻数位是十倍关系（或十分之一关系），将小数发生的这一本源作为这一单元的教学核心，并由此帮助学生建立起一种大概念，即"小数的产生源于计量的需要，是十进位制计数向相反方向的延伸"，学生在此形成了小数数位创设与整数数位创设遵循相类似的规则，从而更好地理解了小数，并获得了探究小数其他知识的方向和工具。

（3）素养提炼法

学科核心素养是学科课程目标的集中体现，是学科思维品质、关键能力以及情感、态度、价值观的综合体现。因此，借助学科核心素养，可以提取大概念。

---

① 案例来源：胡晓敏. 单元"大概念"的提取策略[J]. 教学月刊小学版（数学），2020（12）：30-32.

这种方法就是分析单元教学内容，确定其中要培养的相应素养，对其进行整理归纳，由此提取大概念或大主题。

统编版语文七年级上册第六单元包括《皇帝的新装》《天上的街市》《女娲造人》《寓言四则》，以及写作课"发挥联想和想象"，某教师结合语文核心素养，紧扣语言、思维、审美、文化四个方面，共同对接思维中的联想与想象，于是确定了大概念——文学的联想与想象。

三、紧扣结构调整学习顺序

下述案例是统编版高中语文必修下册第八单元的大单元教学过程。从内容中可以看到，在同一单元的课文学习中，教师基于课程标准，寻找4篇课文的共同特征和独特的教学价值，继而统整确定单元教学目标，并在单元教学目标的引领下设计学习项目，组织教学，学生在完成项目的学习要求的过程中培养其核心素养。

一、教学目标

1.了解谏、疏、赋、书、论等文体的功用与特点，掌握文言实词、虚词、句式等基础知识。

2.推敲文章对观点的提炼与阐述，感受并学习古代先贤心怀天下、爱国爱民、克己奉公、持正守道、敢于担当的胸怀与精神，形成正确的价值观。

3.分析文章论证结构，梳理逻辑关系，形成思辨类文本阅读与写作的"知识图谱"。

4.辩证思考作者的观点，客观分析论述过程及所用论据，学会在辩证分析与合理推理的基础上进行理性判断，养成大胆质疑、缜密推断的批判性思维习惯。

5.写作议论性文章，学会选取合适的论据，采用合理的论证方式，清晰严密地论证自己的观点。

二、教学过程

1.通读课文，初步感知

（1）创设情境。本班微信公众号拟开设"读书"专栏，首批推送内容为唐宋论说名篇《谏太宗十思疏》《答司马谏议书》《阿房宫赋》《六国论》。每篇文章都需要具备如下内容：概要、提纲、特色点评、补充注释。作为编辑，请根据以上要求为每篇推送文章设计相关文本与图片内容。

（2）提供范例。教师选择语文必修下册第五单元的一篇文章作为示例，引导学生概括文章内容，梳理文章结构，厘清段间逻辑。

2.深入学习，绘制图谱

请学生认真阅读微信公众号上的文章，完成以下任务。

（1）写读书笔记，绘提纲——梳理文章结构和论证方法；做摘录——摘录经典语句，积累写作素材；记心得——写出自己读文章时的所思所想，除一般感悟外，更期待同学们发出质疑的声音。

（2）制作文言实词积累卡、文言虚词积累卡、文言句式积累卡。

（3）在阅读中学习写作技巧，整理并完善自己的思辨类文章"知识图谱"。

3.完善图谱，学以致用

（1）基于"知识图谱"制定评价标准。组织学生交流思辨类文章"知识图谱"，讨论并形成思辨类文章写作评价标准，以表格的形式梳理出来。

（2）布置写作任务，在"知识图谱"和评价标准的引导下完成写作与修改。

4.拓展延伸

请学生继续为微信公众号推荐文章，完成相关推送任务，借助读书笔记、知识卡片、知识图谱，更深入、系统地开展论说文阅读与写作活动。①

上述案例提示我们，大单元教学设计在确定了大概念或大主题后，如果需要进行单元内重建，此时就要关注知识结构，并使之成为调整学习顺序的重要依据。

1.从整体关联入手调整

大单元整合教学的显著特征是整体性，这种整体性体现为知识内容的整体性、教学安排的整体性和学生认知结构的整体性。这种整体性的结构特点，也就成为大单元设计中调整学习顺序的依据。

---

① 案例来源：依托教材自然单元发挥学习任务群的综合效应——以高中语文必修下册第八单元为例. 豆丁网（https://max. book118.com/html/2021/0801/5010100030003322.shtm）.

教学整合与大单元设计

统编版语文七年级下册第二单元以爱国为主题，包括《黄河颂》《老山界》《谁是最可爱的人》《土地的誓言》《木兰诗》5 篇课文，这 5 篇课文用不同的材料诠释同一主题。某教师在进行大单元设计时，以爱国主题为核心，设计一个主问题，让学生自读课文得出主问题的答案，通过比较各篇课文主题之间的差别来体会"爱国"这一大主题下还可分出许多小主题。同一主题，可以用不同的材料从不同的侧面加以表达。整个教学由两个环节构成。

环节一：自读课文，概括各篇课文的主旨，每篇课文用 1 个课时，共 5 个课时。

主问题：什么是爱国？这种爱国的情感通过什么材料得到表现？同样是爱国，各篇课文之间的爱有何不同？

环节二：讨论比较各文的主题。

围绕主问题讨论比较，然后在讨论的基础上补充还可以用什么材料来表达爱国主题，或者爱国还有哪些形式。

在这一环节中，学生在比较中理解了全单元各课的主题后，明白了爱国情感的细微差别之处和所选材料的不同。

上述案例中，教师实施的大单元教学设计就是从知识内容的整体性入手，将大主题具体化，在主问题的讨论中理解单元课文如何运用不同材料，从不同角度来表现主题。教师可以尝试从以下三个角度来进行调整。

（1）知识内容的整体性

要实施大单元整体教学设计，就要将教材的知识重组排序，以便学生可以快速掌握教学内容与教学目标，明确教学要求。此时就需要对教学内容依据整体性，打破原有的教材顺序，以大概念或大主题为中心进行调整。

（2）教学安排的整体性

如前文所述，大单元教学中的活动是服务于大概念或大主题下的教学目标的，因此，基于整体性思维，大单元教学设计也要对教学活动进行相应的调整，也就是要让每个教学活动都在整个教学活动中获得相应的位置，并且围绕共同的大概念或大主题进行。

（3）学生的认知结构

学生的认知发展在不同学段均会发生变化，进而形成差异。这种差异正是大单元教学设计的重要调整依据。也就是说，大单元整合要依据学生的认知规律，遵循学生的认知发展特点，对内容进行调整。

2. 从知识的层递性入手调整

大单元教学设计，其教学的安排也要遵循学生的认知发展特点，循序渐进地安排教学内容，即从知识的层递性入手调整教学内容。

某数学教师在教学八年级下册的"平行四边形"一章时，考虑到这一章主要涉及平行四边形的相关概念（1课时）、平行四边形的判定（2课时）、平行四边形的性质（2课时）、矩形的性质及判定（2课时）、菱形的性质及判定（2课时）、正方形（1课时）、实践与综合（1课时），共占用了11课时，全章知识较为零散，不利于学生循序渐进地形成知识结构。于是，教师把本单元知识进行整合，实施大单元设计。

这位教师将整个单元划分为平行四边形与特殊的平行四边形两个部分，针对平行四边形这部分内容，将平行四边形的相关概念、判定、性质整合为1节知识构建课、3节训练提升课；针对特殊的平行四边形这部分内容，将矩形、菱形、正方形的概念、判定、性质整合为1节知识构建课和3节训练提升课，加上1节实践与综合课，这样不但课时减少9课时，而且经过整合的教学内容，在知识构建的过程中，先让学生对每一部分的内容知识进行整体预习，在预习过程中及时在课本或导学案上标注弄懂了哪部分内容，还有哪些是似懂非懂的、哪些是不明白的。教师在讲课前需通过学习小组掌握学生的学情，然后开展教学，符合学生的认知发展。[①]

上述案例中，教师对教学内容进行的整合，利用了知识的阶梯式发展，让学生在知识点的学习中逐步提高认知水平，促进其认知发展，从而全面提升教学和

---

① 案例来源：雒建丽. 浅谈初中数学的"单元整合"教学. 道客巴巴（https://www.doc88.com/p－33373041267506.html）.

学习的效率。同时，这种利用知识的层递性调整学习顺序的方式，还能让学生对前期所学知识加以巩固。

需要注意的是，教师在采用这种形式对学习内容进行调整时，不但要对单元内容进行钻研，而且要对整个学段的内容进行思考，如此才能让大单元设计为下一次课程做好铺垫，形成良性循环，培养学生的学科核心素养。

主题 2

跨单元重建

所谓跨单元重建，是指对同一学科、不同分册或同一分册的单元教学内容进行整合，重构课程，进而实施大单元教学。一般情况下，这种跨单元的学科内教学整合，是以项目化学习的方式进行的。

一、找到单元间的联系

要进行学科内的跨单元重建，先要找到单元间的联系，这是进行整合的基础。为此，教师要在深入研究课程、教材和学情的前提下，更加细腻地分析，进而发现单元间的联系，帮助学生在思维上建立连贯、清晰的框架。

1.理解重点概念，追踪相关细节

要找到单元间的联系，首先就要找到并梳理每个单元的重点内容，理解其中的概念。为此，教师要在备课的过程中跨越单元边界，深入了解每个单元的概念特点，而不是专注于某一单元的重点概念。

教师可以用思维导图或表格的形式将每个单元的重点概念进行归纳梳理，以便清晰地看到概念间的联系。在这一过程中，教师要注意在不同单元之间追踪同一个细节，比如了解同一细节知识在不同单元或不同阶段的体现，进而从这些方面了解单元之间的联系,并将这些联系整理出来,确定其与学生的思维模式的联系。

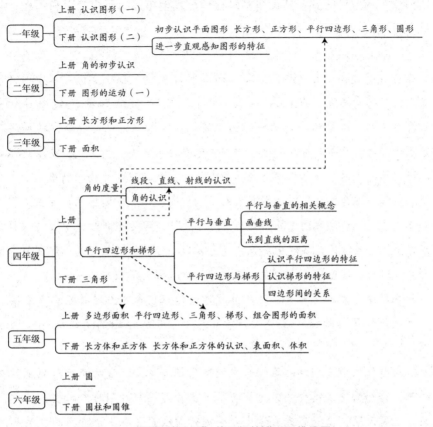

图5-4 "圆形的认识"单元间的联系思维导图

图5-4所示是某教师在实施跨单元重建前,在备课过程中用于了解相关课程内容的思维导图,据此把握单元与单元之间的前后关联,在单元序列中了解该内容在各年级的分布情况,明确其地位。这样的思维导图为发现单元间的联系提供了很好的途径。

2.比较分析,发掘共同主题

比较和对比是发现单元间联系的好方法。通过比较和对比,可以发现不同单元的知识或内容上的异同,进而从同中确定共同的主题。在比较和对比中,有的单元之间的共同主题会很明显地表现出来,这是建立单元间的联系最基本、最迅速的方式。

比如，在历史学科中，对不同单元进行比较和对比，就可以从中发现不同历史阶段解决问题的方式，从而将其轻松地与其他单元的历史知识联系在一起，进而确定共同的主题。

根据《普通高中历史课程标准（2020修订版）》，以下3课均以中国特色社会主义建设的探索与成就为主线。第九单元，了解20世纪50年代至70年代中国探索社会主义建设道路的曲折发展和伟大成就，认识"文化大革命"的错误及教训等。第十单元，改革开放新时期与中国特色社会主义进入新时代，要求认识真理标准问题讨论和党的十一届三中全会的历史意义；认识改革开放以来中国在各个领域取得的成就、综合国力及国际影响力的不断提高；认识中国特色社会主义进入新时代的重大意义，认清我国发展新的历史方位；认识习近平新时代中国特色社会主义思想是全党全国人民为实现中华民族伟大复兴而奋斗的行动指南；形成对中国特色社会主义道路、理论体系、制度、文化的形成过程及意义的系统认识。

根据两个单元的课标要求，实际教学的过程中也会出现教学重点不突出等问题，通过仔细研读课程标准以及教学参考书，将3节课的主线提取概括成两大主题。

其一，探索适合国情的路——中国特色社会主义道路的曲折与新生。在这一主线下，将全面建设社会主义时期与社会主义建设新时期的内容整合构建成一个框架，主题鲜明，重点突出，学生会根据时间线索形成一个清晰的发展脉络，也能突出"适合国情"这一重点，使学生了解在整个探索过程中失误是什么、成就是什么。

其二，中国特色社会主义道路所取得的理论与实践成就。在该主题下，将两个时期的理论成就与实践成就构建成一个框架：一方面，理论成就的讲述让学生在上一个主题学习下形成有效衔接，更充分地理解中国特色社会主义道路；另一方面，理论成就讲述之后，再对改革开放前后我国社会主义建设所取得的成就进行对比，更易于达成教学目标，学生也更能坚定道路自信。①

---

① 案例来源：张迪. 聚焦大单元主题　整合历史教学内容——以统编版教科书《中外历史纲要(上)》第九、十单元为例 ［J］. 辽宁教育,2021(12):92-96.

统编版高中历史教材《中外历史纲要（上）》中，第九、第十单元以时间为线索，讲述了中国特色社会主义建设道路发展过程中的起步、曲折发展与新生三个阶段。其中，第 27 课叙述了 20 世纪 50 年代至 70 年代中国探索社会主义道路的曲折发展，第 28 课叙述了改革与开放的相关史实，第 29 课叙述了改革开放取得的成就。上述案例就是对这两个单元、三课的内容，基于课程标准进行比较分析，进而确定的两个主题。

3. 串联知识，了解不同单元间的交叉点

在明确共同的主题后，可以将每一个单元视为一块不同形状的拼图，而将这幅拼图拼在一起的图块就是这些单元的知识点，组成的拼图就是这些单元的知识图谱。

拼图的图块间的衔接点，就是单元间的共同点，代表每个单元的重点概念，以及将知识的部分组成。拼图拼成后，就可以发现单元之间的联系，于是清晰、连贯的知识就会呈现在大脑中，不同单元间的交叉点也就清晰地展现出来。

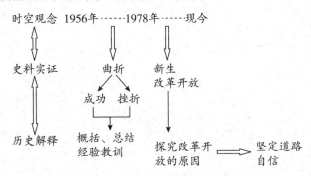

图 5-5 "探索适合国情的路"的教学线索①

图 5-5 所示是基于前面的对比分析，确定的"探索适合国情的路"这一主题的教学线索。从图中可以看到知识之间的交叉点。

4. 关注前后知识间的关系，建立知识网络

找到单元间的交叉点后，可以通过线性扩展和概念扩展关注前后知识间的关

---

① 案例来源：张迪. 聚焦大单元主题 整合历史教学内容——以统编版教科书《中外历史纲要（上）》第九、十单元为例[J]. 辽宁教育,2021(12):92-96.

系。线性扩展主要是在单元中发现排列链条，将概念与实例、事例进行串联，使之形成一条线性的知识链；而概念扩展则是将单元中的概念与其他领域的相关概念进行接驳，实现知识的跨领域应用。接下来，通过总结、问题的设计进一步整合单元间的知识，在建立单元之间联系的同时，建立知识网络。

这样一来，借助知识网络，不同单元之间的联系就会更加立体地展示出来，也就能更好地对不同单元之间的关系加以组织和理解，促成大单元教学整合的完成。这里的知识网络，可以采用蜘蛛网图、思维导图等形式进行呈现。

某教师在就高中历史部编版教材《中外历史纲要（上）》中关于改革开放史教学时，考虑到教材内容量大、初高中历史教学内容的衔接，通过整合和凝练相关的历史教学内容，使之成为一个个既有联系又相对独立的单元，并在此基础上进行整体的教学设计、开展大单元教学设计。

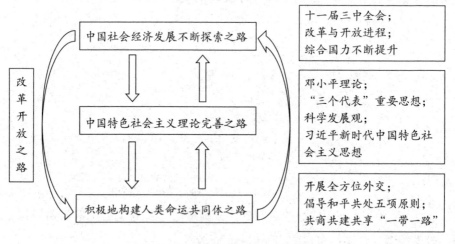

图5-6 "改革开放之路"知识网络

为此，这位教师对教材内容进行了比较和对比，关注前后知识间的关系，建立了知识网络。[①]

---

① 案例来源：曾杰，苏兴城. 唯物史观指引下的高中历史大单元教学思考——以改革开放史教学为例.《教学考试》，2022 高考历史. 微信公众号：教学考试杂志（jiaoxuekaoshizazhi）.

二、确定核心概念

核心概念具有更广泛的解释力和迁移价值，是发展学生学科认识的关键点。学科核心概念通常具有必要性、统摄性、观念性等特征。

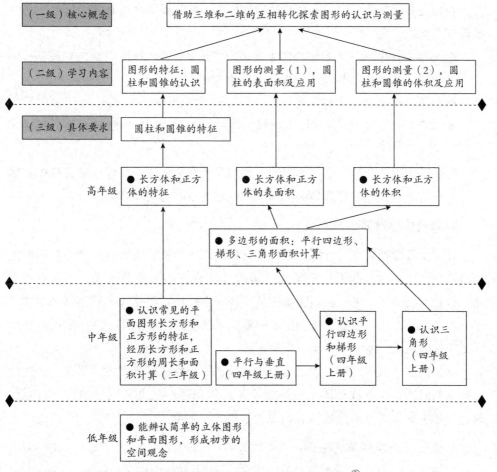

图5-7 自上而下确定核心概念思维导图 ①

图5-7提示我们，大单元设计中要进行跨单元重建，要在找到单元间的联系后，由上而下地确定核心概念。

---

① 案例来源：汪志华. 思维型教学理论引领下的单元教学设计案例. 微信公众号：思维智汇（swzhihui）.

教学整合与大单元设计

1. 研究课标

核心概念是由概念的规律和原理内化之后形成的对客观事物的认知，是位于某个知识领域中心的基本概念、基本规律、基本原理等。这些内容能够展现当代学科的图景，是学科结构的主干部分，具有较广泛的应用。因此，要确定核心概念，教师先要研究课标。在研究课标的过程中，教师要结合以下几个问题思考并提炼核心概念。

- 标准文件中所反映的学科的主要组织结构是什么？该组织结构对该学科和该学科的知识如何概念化提出了什么建议？
- 标准体现了哪些关键主题？
- 课程标准中呈现的东西，哪些与我们的生活情境有着密切的联系和现实意义？

需要提示的是，针对第二个问题，教师要特别留意整个课程标准文件中有哪些主要概念重复出现，尤其是课程标准中出现的核心语句和高频词语。

2. 解构核心素养

在对学科课程标准进行深入分析和解读后，接下来就要从学科核心素养中生成核心概念。这一过程需要教师深入地理解学科核心素养的内涵，从探索的视角、带着问题链来思考。必须明确的是，每一学科核心素养就本质而言都蕴含一个或多个核心概念，而核心概念出现的最终目的就是让学生在头脑中形成对整个学科的总体认识，而非一个又一个概念。

比如，数学学科的核心概念是数感、量感、符号意识等重要的概念。这些核心概念的形成需要通过对现实中的数量关系和空间形式进行数学抽象与直观想象，即学生要形成"会用数学的眼光观察世界"的能力。

3. 梳理任务群和单元主题

大单元设计的任务群和提炼的单元主题是确定核心概念的重要的途径。因此，教师在研究课标、解构核心素养的前提下，深入分析教材和学情，或用课标中给出的学习任务群或单元项目活动梳理核心概念，或在设计的大单元任务群和提炼的单元主题中确定核心概念，并使之成为单元教学的线索。

比如语文学科新课标要求以学习任务群为导向统筹安排义务教育阶段语文课程的学习内容，因此，教师可以从任务群的视角梳理核心概念。图5－8

中，核心概念的提出，是从单元主题出发，梳理内容结构提炼出来的。

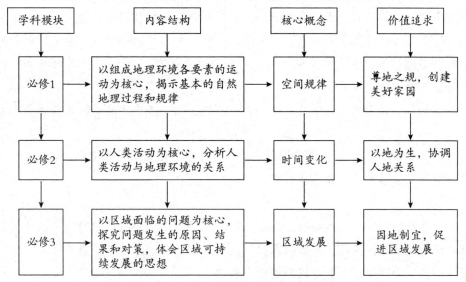

图5-8　从任务群视角梳理核心概念①

　　需要注意的是，确定核心概念的过程中，教师在设计时需要注意两个方面：一是要随着学段的变化提升核心概念，使之从简单变得复杂、由下位上升到上位；二是要与学生认知水平的变化相符，与学生思维的发展密切相关，使之体现思维从具象到抽象的发展变化。

三、建立有迁移力的内在秩序

　　确定核心概念为进行跨单元整合提供了明确的中心，接下来就要围绕核心概念，整合教材文本，兼顾内外学习的联系，进行大单元教学设计。

　　下述案例是某校小学科学教研室，鉴于四年级上册"加热与保温""设计与表达""材料的发展"单元之间存在的联系，即"设计与表达"为"加热与保温"的展开提供了技术支持，"材料的发展"为"加热与保温"提供了知识基础，于是对三个单元进行整合，以"自制保温箱"为项目成果，整合三个单元的相关内容，设计一个跨单元的项目化学习活动，实施大单元下的项目化教学。

---

　　① 案例来源：肖静.基于新课改要求,如何有效提炼学科核心概念?微信公众号:思维智汇(swzhihui).

1.物体的温度为什么会变化？餐食变冷与哪些因素有关？（与"加热与保温"单元联系，热传递与保温的关系是制作保温饭盒的理论基础）

2.哪些材料具有保温功能？如何根据保温箱的需求选择材料？（与"材料的发展"单元联系，学生需要根据需求选择材料，了解"不同材料各有特点，能在适当的地方发挥作用"）

3.如何根据需求设计制作保温箱？（需要学生依据外部尺寸设计包装盒展开图，并依图制作，与"设计与表达"单元要求相适应）

4.保温箱实用性的评价标准是什么？使用保温箱时有哪些需求？（需要学生综合运用三个单元的知识技能，联系实际）

上述案例中的一系列问题，是在项目设计过程中，围绕"如何自主设计一款符合校园需求的保温箱，为餐食保温"设计的驱动性问题。这些驱动性问题使整合后的教学内容建立了有迁移力的内在秩序。

如何使整合后的教学内容建立有迁移力的内在秩序呢？不妨从以下几方面入手。

1.明确知识联系

建立有迁移力的内在秩序，就要明确整合单元的知识联系，这是借助迁移力促成内在秩序形成的前提条件。

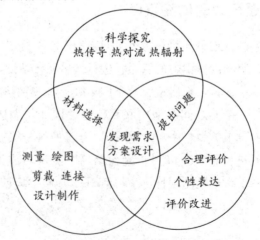

图5-9　某学科知识点关联

图5-9明确地指明了三个单元的知识点，借助"发现需求，方案设计"这

一问题，促成了知识点之间的联系。而要解决这个问题，就需要运用知识迁移能力。

2. 找到迁移点

迁移是学科学习的一种常见的学习方式，知识的学习是不断积累、螺旋上升的，通过不断学习，学生自动重组知识的知识网络，使知识得以联系起来，并获得发展。能力是一个人运用自己拥有的知识的具体表现，知识属于特定的领域，不可迁移。因此，要促成教学整合，就要找准迁移点，让知识与能力之间形成联结。

某教师在进行"轴对称和平移"的大单元教学时，为了让学生准确掌握两种图形转化形式的特点，对提前搜集的资料进行整合，制作数学模型，将相关的具体案例（如联通标志牌）围绕直观的图形进行整合。于是，学生在认真观察、大胆探索的过程中，有效分析两种图形的特征，在掌握基础要素的前提下完成教师布置的迁移任务，自主设计图形，探索判定轴对称图形的特征，在动手实践过程中形成创新意识，完成了整合后的大单元学习。

3. 问题链促成迁移秩序的建立

找到迁移点后，如何让知识之间形成内在秩序，从而完成教学整合呢？问题链就可以发挥这样的作用。

表5-1　"圆柱与圆锥"问题链引导学习

单元主要概念	学习进阶	学习问题链	主要学习活动	思维型教学原理	建议课时
圆柱与圆锥	概念理解	问题一：圆柱与圆锥分别有什么特征？	探究圆柱的特征并将其迁移到学习圆锥的特征中	动机激发 ↓ 认知冲突 ↓ 自主建构 ↓ 应用迁移	1课时
	概念掌握	问题二：如何正确计算完整圆柱的表面积？	经历"画圆柱展开图"，统整"长方体表面积计算方法"等过程，并将知识迁移到掌握圆柱表面积的计算方法和公式中		1课时

单元主要概念	学习进阶	学习问题链	主要学习活动	思维型教学原理	建议课时
圆柱与圆锥	概念运用	问题三：圆柱体积和圆锥体积是如何推导出来的？	类比、猜想圆柱、圆锥体积公式并经历推导过程	动机激发↓认知冲突↓自主建构↓应用迁移	1课时
	概念应用	问题四：矿泉水瓶的容积怎么求？	经历探究不规则物体体积的转化、测量和计算过程		1课时
	概念迁移	问题五：圆柱、圆锥的体积关系如何转化？	经历等底等高、等积等底、等积等高的圆柱和圆锥之间的观察、比较、想象和推理活动		1课时

表5-1中，紧扣学习概念"圆柱与圆锥"，让学生在理解—掌握—运用—应用—迁移五个层面进行学习，分别用五个学习问题链引导学生的思维发展，经历从知识理解、应用到迁移的完整过程，进而发展学科核心素养，完成认知的深化、完善认知结构。这正是大单元教学整合的完整性的体现，也是跨单元大单元教学的意义所在。

主题3

跨学科重建

所谓跨学科重建，是指用一个大概念或大主题把多个学科的知识组织在一起，便于迁移应用。跨学科重建，主要是基于完成一个项目而进行的。

专题五 基于结构重建的大单元设计

一、找到学科间的"大"关联

跨学科设计是指将不同学科的知识和技能结合起来，以解决复杂的问题或完成任务的一种设计方式。针对跨学科设计进行的跨学科重建，主要指同领域、多学科进行的整合，即同一领域内的多个学科的知识在一个大主题的组织下产生关联与迁移，比如"物理 + 化学 + 生物 = 科学"。因此，进行跨学科重建时，首先要找到学科间的"大"关联。因此，教师要明确跨学科重建的类型，主要有以下几种。

1. 从资源建立联系

这是针对狭义的跨学科重建而言的，即从一门学科出发，利用跨学科资源，加深对本学科的理解。这一跨学科重建的"大"关联相对容易找到。

某语文教师在进行"四季美景"这一跨学科重建的大单元设计时，针对所选的语文"济南的冬天"一课，将其与美术学科进行跨学科重建，以一幅典型的景物画让学生在欣赏画的基础上尝试用语言来描述这种美，进而体会《济南的冬天》这篇写景散文的写作手法。在作业环节，这位教师又让学生选取《济南的冬天》文章中的一段描写，利用美术学科的技能描绘这一景色或者用摄影的技能去拍摄生活中类似的景色。

上述案例就是跨学科重建的教学整合，其主题来自语文学科，主题教学目标也是语文学科产生的，但重建是将语文和美术两个学科的资源加以利用，达到加深学生对语文学科内容的理解的目的。两个学科的"大"联系就在资源的利用上。

2. 从生活化主题入手

这是针对多学科重建而言的。所谓多学科重建，是指在教学整合设计时，在同一主题下调动多学科的形式，用多学科的观念、方法加以理解。在跨学科重建的过程中，不仅要应用不同学科的知识，还要确定不同学科学习的主题，甚至会出现学生没有掌握的学科知识。跨学科重建基于涉及学科知识的复杂性，主要是在生活化的主题下进行的。

教学整合与大单元设计

某地理教师在教学七年级下册第六章"我们生活的大洲——亚洲"时，针对"自然环境"这一节中"地势和河流的关系"这一内容，采用了跨学科单元整合的教学方式。

【整合1】地理学科和语文学科整合

课前，教师让学生回忆了小学时学过的一则寓言——《狼和小羊》：

狼来到小溪边，看见小羊在那儿喝水。狼非常想吃小羊，就故意找碴儿，说："你把我喝的水弄脏了！你安的什么心？"小羊吃了一惊，温和地说："我怎么会把您喝的水弄脏呢？您站在上游，水是从您那儿流到我这儿来的，不是从我这儿流到您那儿去的。"……

借这则寓言启发学生思考河水的流向，明确河流是分上下游的，河水从上游往下游流去。

【整合2】物理学科和地理学科整合

提前准备好一小盆加入红墨汁的水（便于观察水流动的方向），和一支钢笔，让学生在课堂上做实验。

3个学生每人拿着一张B4白纸站在讲台上，将白纸平托于手心上。班级中的另一名学生用钢笔吸入少量加入红墨汁的水，然后在3个学生手中的白纸正中央各滴下三滴。然后规定学生A将手中的白纸左侧抬高，学生B将手中的白纸右侧抬高，学生C保持白纸平托不动。其他学生观察三张白纸上水的流动方向。学生A的白纸上，红墨水从左往右流动；学生B的白纸上，红墨水从右往左流动；学生C的白纸上，红墨水处于中部。学生们自己总结得出结论：红墨水的流动方向和白纸的倾斜方向有关，是从高处流向低处。且倾斜的角度越大，水流动的速度越快。

适时引导学生仔细思考：如果把白纸看作我们生活的地球表面，有的地方地势高，有的地方地势低，那么，不同地势的高低情况下，河水的流动是怎样的呢？

学生们总结：河水应该从地势较高的地方流向地势较低的地方。河流的流向和地势的高低有着密切的关系。

【整合3】语文学科和地理的整合

引导学生再回到课前的寓言，讨论分析出"小羊和狼，谁所站的地势高"，学生们讨论得出结论：狼处于地势高的地方，是河流的上游。教师及时提出问题，引导学生思考总结：如果在野外你能根据河流的流向，判断自己所处的位置的地势高低情况吗？或已知自己所处地理位置的地势高低情况，你能否分析出河水流动的方向？①

在上述案例中，教师将地理学科的难点和物理学科中的小实验以及语文学科相结合，通过演示实验过程，动手操作、仔细观察等，让深奥的知识变得浅显，发展了学生的动手实践能力、观察能力、思考能力和地理探究能力。学生在理解知识、提升能力的同时，增强了学习地理的兴趣和解决地理问题的能力，加深了对知识的理解。同时，这样的整合结合了学生日常生活中的现象，实现了知识的迁移运用。

二、明确跨学科大主题的特点

在跨学科重建的过程中，在找到学科间的"大"关联后，还要提炼跨学科大概念。基于跨学科重建后的教学大多是以大项目的方式进行的，因此，这种大概念也就是跨学科大主题。

主题：油菜花

创设情境：一张全国各地油菜花盛开的地图。

教学环节：

【环节 1】寻花

根据油菜花盛开的地图，教师让学生去了解油菜花的盛开时间和各地的经度、纬度之间的关系。这个知识点与地理学科相关。接着，教师从如何让油菜花长得更好的角度，给学生提供了氮肥、钾肥等不同的肥料，带领学生探究怎样给油菜花施肥。这是从化学学科的视角来切入。

【环节 2】探蜜

"蜜蜂与花"是分析油菜花花蕊的结构以及蜜蜂采蜜的过程。同时，教师引导学生思考：如果地球上没有了蜜蜂，我们的世界将会怎样？这是生物学科的视

---

① 案例来源：温南. 地理学科和语文、物理学科辅助合作整合案例. 课堂党年级博客（https://www.ktdvb.com/qinianji/44537.html）.

角。"蜜蜂与人"研究的主要是在被蜜蜂叮咬之后，应该采取怎样的方式及时补救。这依然是与化学学科相关的知识。

【环节3】筹花展

学校要举办油菜花节，希望同学们用信息技术知识制作海报，为学校筹备一个油菜花的展览。[①]

上述案例中的跨学科重建的课程，融合了多学科的知识，包括地理、生物、化学，以及一部分信息技术的内容，充分体现了学科综合和实践性的特点。这提示我们，在确定大主题时，首先要注意好的是跨学科大主题应该具有的特点。

1. 连接性

好的跨学科大主题旨在不同学科间建立起连接，且这种连接是合乎逻辑的、自然的和适当的。这种连接的目的是促进学生学习，因此，在进行内容重建和设计时，教师要考虑如下几个问题：为什么要建立连接？这些连接有意义吗？连接将会产生什么样的效果？

2. 聚焦性

一个好的跨学科大主题就如同一个透镜，可以将一个大的学习单元聚焦和定义下来，进而帮助教师发现课程中的一些极易被忽略的微小的细节，而学生则借助这样的大主题学习，能够发现连接学科的基本范式。

3. 有限的独立性

相对而言，多学科的跨学科重建，虽然学习目标具有相对的独立性，但其独立性是有限的，局限于那些可以帮助学生形成大概念的学习目标。

三、多角度确定大主题促成学科间联系

要依据大主题进行跨学科重建，教师就要在深入钻研和理解课程标准和各学科的学科核心素养的前提下整合相关的知识与内容，围绕生活化的情境，让大主

---

① 案例来源：项目式学习. 微信公众号：大奔（h1wmjlcm1r）.

专题五 基于结构重建的大单元设计

题统摄课程内容、教学材料或课程资源，对内容进行结构化重组。

下述案例是围绕统编版语文五年级上册第七单元的跨学科大单元教学内容的简要概括。其中的环节体现了多学科大单元教学的特点：以某一学科为主，寻找不同学科之间的联系，进而对应设计子任务，以促成教学目标的达成，使学科核心素养和核心素养的目标落地。

一、单元整体目标

1. 语文学科目标

（1）识字与写字：认识17个生字，读准3个多音字，会写26个字，会写23个词语。

（2）阅读与鉴赏：①借助注释、插图，体会课文中的静态描写和动态描写；②拓展课外阅读，体会动态描写和静态描写的语句的作用。

（3）表达与交流：①选择自己喜欢的动态或静态美景，用简笔画、创意书签、海报、扇面画等形式表现出来，培养学生的文化自信；②按时间、空间顺序观察生活中的自然现象，重点观察景物变化，用简笔画图文结合进行记录；③学习动态描写、静态描写的方法，写出景物的动态变化。

（4）梳理与探究：①用思维导图梳理课文重点字词、文章脉络，发展学生的自主、独立识字能力；②课前借助信息技术手段进行课文学习相关资料的搜集与整理，如了解书签的制作、扇面画的基本构图、纸扇的制作、海报设计的基本知识等。

2. 跨学科融创目标

（1）美术学科目标：运用极简技术梳理探究扇面画的绘制、纸扇的制作、海报的制作等基本的美术知识、技能和思维方式，创作平面、立体或动态等表现形式的美术作品，提升创意表达能力。

（2）劳动课程目标：体验手工制作书签、纸扇生产劳动，并能根据手工制作纸扇这一劳动任务选择合适的材料和工具、技术与方法，安全、规范、有效地开展劳动，初步养成持之以恒的劳动品质。

（3）信息科技目标（数字化学习与创新）：选用合适的数字设备、平台和资源，有效地管理学习过程与学习资源，开展探究性学习，创造性地解决问题。

二、单元整体实施

1. 基础型学习任务群：识字与写字

课前，学生自主学习课文生字词，挑选难读难记的字词在课堂上进行交流。

2. 发展型学习任务群：阅读与表达

品读课文中的动态描写、静态描写，根据单元页主题配图"四季书签"的启示，思考：跨学科融合用简笔画、创意书签、海报、纸扇等形式表达对美景的喜爱。

（1）课内阅读教学：①课前围绕课后思考题、课文学习提示，语文园地交流平台借助思维导图梳理文章脉络；②品读课文里的动态描写、静态描写，并借助简笔画、创意书签等表达对课文中描写的动态或静态美景的喜爱。

（2）课外拓展表达：运用在课内学到的动态或静态描写的方法，按一定的顺序观察景物变化，并进行记录。

3. 拓展型学习任务群：跨学科融合借助简笔画描绘"四时之景"，制作书签、纸扇、海报，并进行观察记录。

（1）跨学科学习活动：①课前借助信息技术手段进行课文学习相关资料的搜集与整理，如了解书签的制作、扇面画的基本构图、纸扇和制作、海报设计的基本知识等；②学会按一定的顺序观察自然景物，用简笔画图文结合的方式记录观察所得；③制作"四时之景"的书签或纸扇，设计海报。

（2）整本书阅读：单元课文对应整本书阅读书目推荐：①用"思维导图＋简笔画"进行整本书阅读计划绘制；②根据每篇课文所学侧重点的不同，图文结合进行阅读梳理、记录。

4. 交流与评价

（1）课堂上，同桌之间互赠书签，通过古诗中所描绘的美景进行相互交流评价。

（2）开展一次书签绘制、扇面画绘制、纸扇制作、海报设计交流会，课后将学生们制作的书签和纸扇在班级文化墙展示，供学生学习交流。

5. 课前准备

（1）学生课前提前根据教师给的书签尺寸、纸扇尺寸，和书签、纸扇的简笔画轮廓，创意地制作各种形状的书签、纸扇轮廓，供课堂上用。

（2）课前利用微信搜一搜、百度、学习强国或哔哩哔哩去查找书签、纸扇制作的基本知识。

……①

上述案例提示我们，指向学生的核心素养和学科核心素养的跨学科大单元教学，要借助大项目学习的方式实现预期的教育目标，达到预期的学习效果，就要真正让学生理解和运用知识，要引导学生在头脑中建立大概念，进而据此建立学科间的联系。

因此，教师要紧扣大主题的特点，从以下几方面确定大主题，使之将不同学科知识联系起来，实现跨学科重建。

1. 从学习主题入手

跨学科大主题的确定，既要考虑学科知识之间的独特性和关联性，也要关注真实情境中解决问题的多学科融合的客观要求，所以教师不妨尝试从学科课标、学科教材、学生需求和身边资源中发掘跨学科大主题学习的主题内容，使大主题成为跨学科学习的"统帅"，促成跨学科大项目学习在具体的情境下，在大任务的解决过程中进行。

2. 从课标中选择

课标是学科教学的纲领，跨学科大主题同样离不开课标。教师要基于课标的要求，认真分析学科课程标准，找到学科核心概念，以及其可能关联的学科内容，再对各学科的学科核心素养和学科核心概念加以研究，进而选择大主题。

某教师在研究初中地理课程标准后，确定了两个主题：一个是"设计北纬30°沿线的环球旅行路线"，将世界地形图和世界气候图（或地球仪、数字地图等）作为主要知识点；另一个是创作、表演"一方水土一方人"情景剧，通过创作、表演情景剧，体会不同区域的差异和地理环境对人类活动的影响。这位教师在研究语文学科课程标准后，提出了环境、安全、人口、资源、公共卫生等方面跨学科学习主题建议；在研究数学课程标准后，设计了"制订旅游计划"的

---

① 案例来源：跨学科融合的大单元教学设计案例来了. 腾讯网（https://new.qq.com/rain/a/20221029A00GZM00）.

案例，让学生在真实情境中经历从数学的角度概括事物的关键要素、有条理地制订计划的过程，积累数学实践活动的经验，发展应用意识。①

3. 从教材中选择

教材是教师教学的重要依据，因此，教师可以对不同学科的教材进行深入研究、细致分析，找到不同学科知识间的联系，进而创设生活情境，让多学科知识得以在其中的情境中运用，进而确定大主题，完成跨学科重建。

4. 从学生需求选择

跨学科大项目的大主题的选择要关注学生的需求，即要关注学生的个人生活、公共常识、科学背景等，且描述要符合实际。换言之，大主题的确定要考虑到学生的心理感受，要与学生息息相关，如此方能使之产生强烈的认同感和积极的态度倾向，进而有效连接学生的经验，激发其好奇心和学习兴趣，使之切实感受学习的价值与意义。

如近十年来，音乐选秀类节目渐成燎原之势，深刻影响着学生。从中学生感兴趣的话题入手，寻找他们关注点背后更有价值的问题，是寻找教育契机的最佳突破口。对于《中国好声音》等音乐选秀节目来说，"好声音"只是听觉感觉上最直观的感受，"好"在哪里、为什么"好"则是中学生困惑的部分，也正是他们的艺术修养中亟须补充的部分。于是某教师基于此设计了"好声音密码"的跨学科主题学习。②

需要注意的是，跨学科大主题的选择要充分考虑学生现有的知识储备和认知水平，要在筛选大主题的初期进行学情检测，也要在实施大主题学习的过程中为学生提供必要的认知支架。

---

① 案例来源：高山里. 如何进行跨越学科主题学习设计？微信公众号：基础教育思考者（yuchenedu）.

② 案例来源：高山里. 如何进行跨越学科主题学习设计？微信公众号：基础教育思考者（yuchenedu）.

后　记

　　在编写本书的过程中，编者借鉴和参考了国内外一些知名专家的著作和研究成果，引用了一些教师的案例和文章，在此向所有专家、教师致以衷心的感谢！受沟通渠道所限，我们未能与所有作者都取得联系。敬请相关作者与我们联系，电子邮箱：taolishuxi@126.com。

编　者